Was it Pg 60?
Spain - March 2018

AKELARE

Published in 2017 by
Grub Street
4 Rainham Close
London
SW11 6SS

Email: food@grubstreet.co.uk
Web: www.grubstreet.co.uk
Twitter: @grub_street
Facebook: Grub Street Publishing

First published in Spanish by Editorial Everest
Copyright this edition © Grub Street 2017
Text copyright © Pedro Subijana
Photographs Juantxo Egaña and José Luis Galiana
English translation Emma Hennessey
Cover design Daniele Roa

A CIP catalogue record for this book is available from the British Library.

ISBN 978-1-910690-45-1

The moral right of the author has been asserted.

All rights reserved. Without limiting the rights under copyright reserved above, no part of this publication may be reproduced, stored in or introduced into a retrieval system, or transmitted, in any form or by any means (electronic, mechanical, photocopying, recording or otherwise) without the prior written permission of the above publisher of this book.

Printed and bound by Finidr, Czech Republic

AKELARE
NEW BASQUE CUISINE

PEDRO SUBIJANA

GRUB STREET · LONDON

Foreword *Presentación* Aurkezpena

Pedro Subijana, a person whom I admire not only for his skill as a restaurateur and chef, but also for his good-natured personality, has become – dish by dish, and following a long and difficult career – an international exemplar. He is now one of the biggest names in cooking worldwide.

Pedro has reached the top. This new book by our 'three-star Michelin chef' provides further evidence as to how he succeeded, after many years of making great strides in a career that has been anything but easy.

This profession, founded decades ago by a pleiad of unknown chefs (always shut away behind the doors and walls of their respective kitchens), has garnered unprecedented cultural, economic and media prominence and is currently experiencing the price of fame and is subject to the merry-go-round that is the whims of fashion. In fact, it's more of a rollercoaster than a merry-go-round, with its vertiginous ascents, abrupt stops and spectacular falls.

The rise to the top of the rollercoaster is often due not only to mastery of heat and flame, to the ability to produce perfectly cooked food, to the freshness of the raw ingredients, to the presentation of the dishes or the quality of the service, but to other, more 'commercial' factors, among which marketing, advertising and communications dominate.

Therefore, in today's world of haute cuisine two broad categories of chef can be identified: the fleeting media presences and the dependable craftsmen and artists. Subijana is undoubtedly a shining example of this second, worthier category, with which he features at the top end of the most representative international rankings.

Because Pedro is not just a fashionable chef, like those who are at the top but will disappear when the winds stop blowing in their favour. He is a sure thing. He is what they call in stock market language 'blue chip', with a brilliant trajectory, solid fundamentals and high profitability.

Subijana performs miracles every day from his restaurant Akelaŕe, his Olympus; delighting and refreshing our taste buds with delicacy and wisdom. In addition, he performs these miracles in an enchanting setting, in which the green of the Basque Country hills is complemented and enhanced by the intense blue of the Bay of Biscay.

A feast for the eyes – and for the other senses too. You don't just go to Akelaŕe to perform that necessary function we call 'eating'; you go to enjoy. Nor do you go there to 'drink', but rather to savour some of the great wines from its excellent cellar. To enjoy, to savour and also to admire the dishes, exquisitely presented and designed creations that help you to explore new flavours. And, if you want to enrich your gastronomic knowledge with something new and original, you can also 'learn' or 'experiment' in its innovative kitchen classroom.

Pedro, our 'blue chip' chef, will ensure, with the support of the wonderful team he has brought together at Akelaŕe, that you experience more than one of life's pleasures if you make the decision to visit his beautiful and welcoming restaurant. And then repeat the experience time and again.

In order to remain at the top for such a long time in the vast and competitive world of haute cuisine, you have to 'reinvent' yourself year after year and plate after plate, while maintaining a constant level of excellence. This requires the determination of a marathon runner rather than the explosive speed of a sprinter.

In any profession, only a chosen few would be able to carve out a successful career spanning forty years. In the restaurant business, Pedro is one of these few. That's because he is not only a great fighter and a talented individual, but also a creative force and a real innovator. It would be impossible to remain at the top for so long without these qualities, let alone in a world of ever-changing tastes, trends, colours... and flavours.

Pedro likes his ideas to be made public and he knows how to explain them. Thus, throughout his long career he has published several cookbooks. This new publication has sought to distil the essence of his cooking in recent years and the unique advances he has made, in order to reflect the continuing evolution of an innovative chef. Therefore, everything in this book, which, in the end, was entitled *Akelaŕe,* concerns the progress made 'between the last book and today'. I am sure that this leaves the door open for the publication of more books, especially when you realise that there is enough material to keep us amazed with his expertise for some time to come.

This book is the fruit of his passion for doing things differently. Don't go looking for traditional or classic recipes in here, because you won't find any. Those are dealt with in Subijana's previous books and as his aim is (rightly) to transform rather than to repeat, he has decided against returning to work he discussed in his earlier publications.

When he got in touch to ask me to write this foreword, an honour that I was delighted to accept as I am a fan of his work, Pedro told me that he had initially planned not to feature any written recipes in the book, only illustrations. He planned to film the recipes and include a

DVD. In the end, for practical reasons, and in my opinion, very sensibly, the project evolved into a more conventional book, while maintaining some of its original ideas.

For example, part of this new book is written in Euskara, as a tribute to Subijana's native land and the great Basque culinary tradition. Part of it has also been translated into English, because Akelaŕe is fortunate to have a loyal international clientele who, having enjoyed its cuisine, want a physical memento of the experience. This book will no doubt fulfil this desire, both for those customers and for anyone who loves food, or who wants to find out more about the unique world of this singular chef.

In addition to reading it and learning from the interesting lessons it contains, I will enrich my library with this new work by Pedro Subijana, an excellent book by a great chef who, due to the unique qualities he has demonstrated through his many years of professional success, now occupies a very prominent place in the Olympus of the restaurant world, for which only the chosen few are selected.

Pedro Subijana, una gran persona a la que admiro no solo por su maestría como restaurador y cocinero, sino también por su bonhomía, se ha convertido, plato a plato, tras una dilatada y dura carrera, en una referencia universal. Hoy en día es ya uno de los grandes nombres de la cocina mundial.

Pedro ha llegado a la cima. Esta nueva obra de nuestro 'chef Tres Estrellas Michelin' da cumplido testimonio de por qué lo ha conseguido, tras muchos años de sensible progresión en una carrera que ha sido de todo menos fácil.

Porque una profesión que hace unas décadas estaba integrada por una pléyade de cocineros desconocidos, siempre encerrados tras la puerta y paredes de sus respectivas cocinas, ha cobrado una singular proyección cultural, económica y mediática y se encuentra actualmente sometida al precio de la fama y al carrusel de la moda; más bien una montaña rusa, con subidas vertiginosas, bruscos parones y caídas estrepitosas.

En ella el ascenso no obedece a veces solo a la maestría en el manejo del fuego, en el logro de un punto de cocción, en la frescura de las materias primas, en la presentación de los platos o en la calidad del servicio, sino a otros factores más 'empresariales', entre los cuales el marketing, la publicidad y la capacidad de comunicación están en cabeza.

Por eso, en el actual mundo de la muy alta cocina se podrían distinguir dos grandes categorías de cocineros: los transitoriamente mediáticos y los sólidos artesanos y artistas. Subijana, sin duda, es un ejemplo destacado de esta segunda y más valiosa categoría, con la que figura, en posiciones de cabeza, en los ránquines internacionales de gastronomía más representativos.

Porque Pedro no es un simple cocinero de moda, de los que están arriba, pero desaparecerán cuando el viento deje de soplar a su favor. Es un valor seguro. Eso que en el lenguaje bursátil anglosajón se denomina un 'blue chip', una acción de trayectoria brillante, sólidos fundamentos y alta rentabilidad.

Subijana, desde su Olimpo del restaurante Akelaŕe, hace el milagro, día a día, de regalar, y regar, nuestras papilas con primor y sabiduría. Y lo hace, además, en un entorno encantador en el que el verde de los campos montes de Euskadi se armonizan y potencian con el intenso color azul del mar Cantábrico.

Un regalo para la vista y para otros sentidos. Porque en Akelaŕe no se va solo a ejercitar la necesaria función que llamamos 'comer', sino a disfrutar. Y tampoco se acude allí a 'beber', sino a saborear algunos de los grandes vinos de su excelente bodega. Disfrutar, saborear y, por añadidura, admirar sus platos, creaciones de presentación y estética exquisitas que ayudan a explorar nuevos sabores. Y si buscas enriquecer tu conocimiento gastronómico con algo novedoso, puedes igualmente 'aprender' o 'experimentar' en su innovadora aula de cocina.

Pedro, el del Akelaŕe, nuestro cocinero blue chip, es de los que con seguridad, y con el apoyo del gran equipo que ha sabido formar, te van a hacer gozar de más de uno de los placeres permitidos de la vida, si tienes el acierto de visitar su bello y acogedor restaurante. Y de lograrlo una y otra vez.

Porque mantenerse arriba a lo largo del tiempo, en el inmenso y competitivo universo de la alta gastronomía, significa 'reinventarse' año a año y plato a plato. Y conseguirlo, además, acreditando un permanente nivel de excelencia. Eso requiere de las cualidades y el espíritu de superación de un gran maratoniano, más que el esfuerzo explosivo de un esprínter.

Cuarenta años de exitosa trayectoria profesional en cualquier profesión, está al alcance solo de los elegidos. En restauración, Pedro es uno de ellos. Y lo es porque Subijana, a sus cualidades de gran luchador y hombre con talento, une las de ser creativo y muy innovador. Porque nadie puede estar tanto tiempo en lo más alto si no es todo eso, y menos en un mundo en permanente cambio de gustos, tendencias, colores… y sabores.

A Pedro le gusta que sus ideas se conozcan y sabe explicarlas. Por ello, a lo largo de su dilatada carrera ha publicado varios libros de cocina. Con esta nueva obra ha buscado recoger las esencias de su cocina de los últimos años y los avances singulares que ha logrado, como claro reflejo de la permanente evolución de un cocinero innovador. Por lo tanto, en este libro, que finalmente ha titulado Akelaŕe. Pedro Subijana, todo está referido a su progresión 'desde el último libro hasta hoy'. Estoy seguro de que, con ello, deja abierta la puerta a otros más cuando considere que hay material suficiente para seguirnos asombrando con su maestría.

Fruto de su pasión por hacer las cosas de un modo diferente, no debe buscarse en esta obra ni recetas clásicas ni tradicionales. Porque no las hay. Están en los libros anteriores que Subijana ha publicado y, como acertadamente no se trata de repetir, sino de renovar, en este no ha querido volver sobre las propuestas que ya plasmó en sus obras anteriores.

Cuando el autor contactó conmigo para que escribiera este prólogo, honor que acepté encantado porque soy un admirador de su trabajo, me comentó que su idea primera fue que esta nueva obra no llevase recetas escritas, sino que fuese exclusivamente gráfica. Para ello pensó en que incorporase un DVD plasmándolas en vídeo. Al final, por razones prácticas, y en mi opinión con gran acierto, ha evolucionado hacia fórmulas más convencionales, aunque siempre sabiendo mantener alguna de sus concepciones originales.

Por ejemplo, es significativo destacar que esta nueva obra de Subijana cuenta con parte de su texto escrito en euskera, como homenaje a su tierra y a la gran cocina vasca, y asimismo en inglés, porque afortunadamente Akelaŕe cuenta con una fiel clientela internacional que, al placer de la comida, querrá añadir un recuerdo material de lo disfrutado. Y este libro lo será, sin duda, para esos clientes y para cualquiera que ame la gastronomía, o para quien quiera conocer más y mejor el particular universo de este cocinero singular.

Además de leerlo y de aprender de las interesantes lecciones que contiene, enriqueceré mi biblioteca con esta nueva obra de Pedro Subijana, un excelente libro de un gran cocinero que, por los singulares méritos que ha acreditado tras muchos años de exitosa profesión, ocupa hoy en día un lugar muy destacado en el Olimpo de la restauración al que solo llegan los elegidos.

Asko miresten dudan pertsona da Pedro Subijana; eta miretsi, ez soilik jatetxe-jabe eta sukaldari moduan, baizik eta baita xaloa eta adeitsua delako ere. Subijana, gainera, jakiz jaki eta ibilbide luze bezain gogorrari esker, erreferentzia unibertsal bihurtu da. Gaur egun, munduko sukaldaritzako izen handienetako bat da berea.

Dagoeneko gailurrera iritsi da Pedro. Eta gure chef 'Hiru Michelin Izardun' honen obra berri hau, hain zuzen, hori nola lortu duen ispilatzen duen lekuko garbia da: hamaika urtean pixkanaka-pixkanaka aurrera eginez, erraza baino gehiago bestelakoa izan den ibilbidea eginda.

Izan ere, duela hamarkada batzuk sukaldari ezezagun multzo batek osatutako lanbide honek, beti euren sukaldeetako ateen barrualdean eta pareten artean itxita egon diren sukaldarien lanbideak, hedapen berezia izan du kulturari, ekonomiari eta hedabideei dagokienean, eta gaur egun, ospe handiko lanbidea da, puri-purian dagoena. Nolanahi ere, errusiar mendira igo dela dirudi: goraldi zorabiagarriak, bat-bateko geldialdiak eta sekulako beheititzeak.

Lanbide honetan, goraldia ez dator beti bat sua erabiltzeko maisutasunarekin, egosketa puntua lortzearekin, lehengaien freskotasunarekin, jakien aurkezpenarekin edo zerbitzuaren kalitatearekin; baizik eta enpresarekin lotutako beste faktore batzuekin. Hala nola, eta batez ere, marketinarekin, publizitatearekin eta komunikazio gaitasunarekin.

Horregatik guztiagatik, goi mailako sukaldaritzan bi sukaldari kategoria handi bereiz daitezke: behin-behinean hedabideetan agertzen direnak eta eskulangile zein artista egonkorrak direnak. Subijana, zalantzarik gabe, bigarren zaku horretako adibide nabarmenetako bat dugu; kategoria baliagarriagoa hori, inondik ere. Hala, nazioarteko gastronomia sailkapen garrantzitsuenen buruan agertu ohi zaigu.

Pedro ez baita modan dagoen sukaldari hutsa, goian egon bai, baina haizeak alde jotzeari uzten dionean desagertuko den horietakoa. Balio segurua da. Hau da, burtsa hizkuntza anglosaxoian 'blue chip' esaten duten horixe: ibilbide bikain, oinarri egonkor eta errentagarritasun handikoa.

Subijanak, Akelaŕe jatetxeko bere Olinpotik, egun batean bai, hurrengoan ere bai, gure papilak fintasunez eta jakituriaz bustitzeko miraria egiten du. Eta, gainera, ingurune zoragarrian, Euskadiko mendi eta landa berdeak Kantauri itsasoko urdin biziarekin uztartzen diren gunean, hain justu.

Opari ezin hobea, zinez, ikusmen zein beste zentzumenetarako. Akelaŕera ez baita inor joaten soil-soilik 'jatea' izenez ezagutzen dugun ezinbesteko funtzio hori gauzatzera; gozatzera baizik. Bakar-bakarrik 'edatera' ere ez, ezpada egundoko upategiko ardo handietako batzuk dastatzera. Gozatzera, dastatzera, eta ondorioz, baita bere jakiak, aurkezpenerako sormen lanak eta estetika ezin hobeak mirestera ere, zapore berriak ezagutzen lagunduko digutenak. Eta gastronomiari buruzko ezagutza gauza berriekin aberastea bilatuz gero, sukaldaritza ikasgela berritzailean 'ikasteko' edo 'esperimentatzeko' aukera ere eskaintzen du.

Pedrok, Akelaŕekoak, gure blue chip sukaldariak, bere kasa osatzen asmatu duen talde bikainaren laguntzarekin, ziur asko, bizitzan baimenduta dauden plazeretako batzuez gozatzeko aukera emango dizu, baldin eta haren jatetxe eder eta goxora joateko erabaki egokia hartzen baduzu. Eta helburu horixe lortuko du, gainera, behin eta berriz.

Izan ere, goi mailako gastronomiaren unibertso lehiakor eta erraldoian denbora luzean hor goian egoteko, ezinbestekoa da urtetik urtera, jakiz jaki, "berriz asmatzen" jakitea. Eta hori erdiestea, hain zuzen, bikaintasun maila etengabeari eutsita. Beraz, behar-beharrezkoak dira maratoi korrikalari handi baten gaitasunak eta hobetze espiritua, eta ez horrenbeste esprinter baten aparteko eginahala.

Zeinahi lanbidetan berrogei urteko ibilbide arrakastatsua izatea gutxi batzuen esku baino ez dago. Sukaldaritzan, Pedro dugu horietako bat. Eta Subijanak hori lortu badu, borrokatzaile bikain eta gizon talentuduna izateaz gainera, egundoko sortzaile eta berritzailea ere badelako izan da. Inortxok ezin baitu hainbeste denboran hor goian egon, ezaugarri horiek guztiak izan ezean. Eta are gutxiago, zaletasunak, joerak, koloreak... eta baita zaporeak ere, etengabe aldatzen ari diren mundu honetan.

Pedrori izugarri gustatzen zaio bere ideiak ezagutaraztea, eta berak ederki asko daki horiek guztiak azaltzen. Horregatik, hainbat sukaldaritza liburu argitaratu ditu bere ibilbide luzean barrena. Lan berri honekin, hain zuzen, azken urteotako bere sukaldaritzaren funtsak eta lortu dituen aurrerapauso bereziak bildu nahi izan ditu, horiexek baitira sukaldari berritzaile baten etengabeko bilakaeraren ispilu argi. Horrenbestez, azkenean Akelaŕe. Pedro Subijana izenburua jarri dion liburu honetan, 'azken liburutik gaur egunera bitarte' izandako bilakaera izan du hizpide. Baina ziur nago liburu honek ateak zabalik utziko dizkiela atzetik etorriko diren beste liburu batzuei, noizko eta bere maisutasunarekin zur eta lur utziko gaituela ziurtatzeko nahikoa material baduela iruditzen zaionerako.

Gauzak beste modu batean egiteko duen joera dela tarteko, lan honetan ez dugu errezeta klasiko zein tradizionalik bilatu behar. Alferrik, ez baitago horrelakorik. Horiek guztiak Subijanak aurretik argitaratutako liburuetan daude, eta gauzak errepikatzea komeni ez denez, berritzea baizik, obra honetan ez ditu berriz hizpide hartu nahi izan aurreko lanetan aipatutako proposamenak.

Hitzaurre hau idatz nezan egilea nirekin harremanetan jarri zenean (aitor dezadan, bidenabar, pozik onartu nuela ohorea, Subijanaren lanaren miresle sutsua bainaiz), aipatu zidan bere lehenengo ideia lan honetan errezeta idatzirik ez sartzea izan zela, lan grafikoa baino izan ez zedin. Horretarako, DVD bat gehitzea pentsatu zuen, eta bideo batean biltzea lan guztia. Azkenean, arrazoi praktikoak zirela medio, eta nire aburuz ederki asmatu du horretan, formula ohikoagoetarako jauzia eman du, nahiz eta abiaburuko ikusmolde zenbaiti eusten jakin izan duen.

Besteak beste, nabarmentzekoa da Subijanaren lan berri honek euskaraz idatzitako hainbat testu dituela, bere lurrari eta euskal sukaldaritza bikainari egindako omenaldi gisa; baita ingelesezko zenbait testu ere, zorionez, Akelaŕera nazioarteko bezero leial ugari etortzen baitira, eta janariaren plazerari gozatutakoaren oroigarri material bat gehitu nahiko diotelako. Eta horixe izango da, zalantzarik gabe, liburu hau; bai bezero horientzat, bai gastronomia maite duen ororentzat, eta baita goi mailako sukaldari honen unibertso partikularra gehiago eta hobeto ezagutu nahi duenarentzat ere.

Pedro Subijanaren lan berri hau irakurtzen dudanean, bertan jasotako irakaspen interesgarriekin hamaika gauza ikasteaz gainera, nabarmen aberastuko dut nire liburutegia. Azken batean, sukaldari ezin hobe baten liburu bikaina baita, urte ugariko ibilbide arrakastatsuan lortutako merezimendu oparoei esker, aukeratu gutxi batzuk baino iristen ez diren sukaldaritzaren Olinpoan toki berezia lortu duen gizonarena.

Pedro Luis Uriarte

Founder and first President of Innobasque-Basque Innovation Agency
Fundador y primer Presidente de Innobasque-Agencia Vasca de Innovación
Innobasque - Berrikuntzaren Euskal Agentziako sortzailea eta lehenengo presidentea

An impeccable career *Una trayectoria impecable* Ibilbide biribila

Surely there is no-one who would deny that Pedro Subijana is one of the greatest Spanish chefs of all time. His career leaves little room for doubt. He was employed from a very young age in the restaurant he remains in today, his beloved "Akelaŕe" in the Barrio Igeldo in San Sebastian. He has transformed it into a temple of great cooking, known to renowned gourmets and humble enthusiasts alike. These visitors come to enjoy Pedro's craft but also to have the pleasure of meeting him, because Subijana is not just a great chef, he is also well-loved, endearing, down-to-earth and friendly. He is the kind of man we usually refer to as "one of our own". His bushy moustache is, without a doubt, one of the most popular in Spain, and one of the most important in the history of Spanish cuisine: up there, perhaps, with that of his mentor Luis Irízar.

Shortly after joining "Akelaŕe", Pedro was involved in the birth of what was christened "new Basque cuisine". A direct descendent of the buoyant nouvelle cuisine style, it was cleverly adapted to the tastes and customs in San Sebastian. The face of nouvelle cuisine at the time was Paul Bocuse who, one day, received a visit from Pedro and his friend Juan Mari Arzak. When they returned, everything changed. Cooking suddenly became modern – although a lack of understanding caused more than a few problems.

Subijana was one of the symbols of this new way of cooking, a style that lives on, although we seem to be unaware of it. One of his recipes, sea bass with green peppers, became one of the most iconic dishes of this new approach. Gastronomes began making pilgrimages from all over Spain to San Sebastian in search of this new way of cooking, where respect for raw ingredients was key.

Pedro began to receive awards, recognition. Spain's best head chef – according to the Spanish Academy of Gastronomy – was also being acknowledged in the classic guides. His first Michelin star came in 1979 and was followed quickly, in 1983, by his second. They made him wait for his third (something no-one could understand) but it finally arrived in 2007. Of course, "Akelaŕe" had been awarded top marks in the Spanish guides many years previously.

Awards matter, but what is really important is seeing how happy Pedro and his wonderful team, headed up by his wife Ada – unusual to see an *hada* (fairy) heading up an *akelarre* (witches' sabbat) – make those who visit their restaurant, which is perched high above the Bay of Biscay. The views cheer the spirit, the food pleases the body; the whole experience puts visitors in a state not far off nirvana. And there is no lack of understanding now: Pedro's food is perfectly balanced. He doesn't shy away from new techniques or research, which produces new dishes each season, but neither has he abandoned the classic flavours, the dishes for which Basque cuisine and San Sebastian are famous. Pedro no longer cooks the now-classic nouvelle cuisine, rather he ventures forth, with care, along the cutting-edge, while continuing to delight his fans with dishes like his incomparable 'squid in ink'. This is what you call balance; this is what you call cooking. And this is precisely what is served to us every day by the great cook and wonderful human being that is Pedro Subijana.

Pedro Subijana es, quién podría dudarlo a estas alturas, uno de los mejores cocineros españoles de siempre. Su trayectoria deja pocas dudas: implicado desde muy joven en la casa de la que nunca ha salido, su precioso "Akelaŕe" en el donostiarra Barrio Igeldo, ha convertido su restaurante en uno de esos templos de la gran cocina que no sólo conocen los grandes gourmets, sino cualquier modesto aficionado, que desea darse una vuelta por allí para disfrutar de las buenas artes de Pedro… y para tener el placer de saludarlo, porque Subijana une a su condición de grande da la cocina la de persona a la que todo el mundo aprecia, persona que se hace querer, ajena a divismos, cercana, lo que suele llamarse "uno de los nuestros". Sin duda ninguna, su poblado bigote es de los más populares de España… y uno de los más importantes de la historia de la cocina española, quizá junto al de su maestro Luis Irízar.

Poco después de aterrizar en "Akelaŕe", Pedro se vio implicado en el nacimiento de lo que se llamó "nueva cocina vasca", hija directa, pero muy sabiamente adaptada a los gustos y maneras donostiarras, sobre todo, de la boyante nouvelle cuisine cuya imagen más popular fue la de Paul Bocuse, a cuya casa se desplazaron Pedro y su amigo Juan Mari Arzak. A la vuelta, todo cambió: la cocina se hizo moderna… aunque costara vencer no pocas incomprensiones.

Subijana fue uno de los símbolos de aquella cocina, una cocina que hoy sigue en vigor aunque no parezcamos darnos cuenta de ello. Uno de sus platos de entonces, la lubina a la pimienta verde, fue uno de los emblemas más conocidos de esa versión de la nueva cocina que empezó a originar auténticas peregrinaciones de gastrónomos de toda España hasta Donostia, en busca de esa cocina respetuosa con las materias primas.

Pedro fue acumulando premios, reconocimientos… Mejor jefe de cocina para la Academia Española de Gastronomía, fue acumulando distinciones en las guías clásicas: en 1979 llegó la primera estrella Michelin, rápidamente seguida (1983) de la segunda. La tercera se hizo esperar, cosa que nadie acababa de entender, pero llegó en 2007. Por supuesto, "Akelaŕe" hace años que cuenta con las máximas calificaciones en las guías españolas.

Eso es importante, pero lo importante de verdad es ver cómo Pedro y su magnífico equipo, con su esposa, Ada, a la cabeza (¿habían oído hablar alguna vez de que un 'Ada' encabezase un 'akelarre'? hacen felices a quienes se acercan hasta su restaurante, colgado sobre el Cantábrico. Las vistas confortan el espíritu; la cocina, hace feliz al cuerpo; el trato que allí se recibe redondea un estado muy próximo al nirvana. Y no hay ningún problema de comprensión: Pedro practica una cocina perfectamente equilibrada. No rehúye las novedades, ni la investigación, y cada temporada surgen platos nuevos, fruto de esa investigación; pero no por ello abandona los sabores clásicos, algunos platos sobre los que se ha basado desde siempre el gran prestigio de la cocina vasca, de la cocina donostiarra. Pedro hace no ya nouvelle cuisine, que ya es un clásico, sino que se aventura, con prudencia, por caminos de vanguardia… sin por ello dejar de tentar a la afición con unos chipirones en su tinta difícilmente igualables. A esto llamamos equilibrio, a esto llamamos cocina. Y esto, justamente, es lo que nos propone cada día ese grandísimo cocinero y buenísima persona que dice llamarse Pedro Subijan

Inork ez du zalantzan jartzen Pedro Subijana dugula betiko espainiar sukaldari onenetako bat. Bere ibilbideak ezbairik gabe egiaztatzen du hori: gazte-gaztetatik aritu da buru-belarri lanean inoiz utzi ez duen etxean, "Akelaŕe"-n, Donostiako Igeldo auzoan; bere jatetxea goi mailako sukaldaritzaren tenplu bilakatu du, eta ez soilik gourmet handiek ezagutzeko moduan, baizik eta baita zeinahi zale xumerentzat ere, jatetxera doan edonork Pedroren arte ederrez goza dezan... eta, nola ez, sukaldaria agurtu dezan, Subijana, sukaldari bikaina ez ezik, jende guztiak izugarri estimatzen duen gizona ere bai baita, jendeak oso maitea duena, divo izaeraren aurkakoa, hurbilekoa... azken batean, "gutariko bat". Argi dago bere bibote sarria ospetsuenetakoa dela Espainia osoan... eta baita espainiar sukaldaritzaren historioko garrantzitsuenetako bat ere, agian, Luis Irizar bere maisuarenarekin batera.

"Akelaŕe"-n lur hartu eta gutxira, Pedrok "euskal sukaldaritza berria" izenez ezagutzen dugunaren sorreran parte hartu zuen, donostiar zapore eta moduei ezin hobeto egokitutako zuzeneko alaba berau, batez ere nouvelle cuisine arrakastatsuarena. Paul Bocuse izan zen sukaldaritza horren irudi ezaguneena, eta haren etxera joan ziren Pedro eta Juan Mari Arzak laguna. Itzuleran, dena aldatu zen: sukaldaritza modernizatu egin zen... nahiz eta ulertu ezin ugariri aurre egin behar izan.

Sukaldaritza haren sinboloetako bat izan zen Subijana. Eta oraindik ere indarrean dirau lanean jarduteko modu hark, nahiz eta badirudien ez garela horretaz ohartzen. Garai hartako jakietako bat, "lupia, piperbeltz berdearekin", sukaldaritza berri horren ikur ezagunenetakoa izan zen. Sukaldaritza bertsio horri esker, Espainia osoko gastronomoek egiazko erromesaldiak egin zituzten Donostiara, lehengaiak errespetatuta lan egiten zuen sukaldaritzaren bila.

Sariak, aitortzak... biltzen joan zen Pedro. Espainiako Gastronomia Akademiaren ikuspegitik, sukaldeburu onena zen, eta hala, gida klasikoetako sariak metatzen joan zen: 1979. urtean, lehenengo Michelin izarra lortu zuen, eta berehala etorri zitzaion atzetik bigarrena ere, 1983an. Hirugarrena lortzea, ordea, gehiago kostatu zitzaion. 2007an eskuratu zuen, jendearentzat ulergaitza bazen ere. Eta jakina, urteak dira "Akelaŕe"-k Espainiako gidetako kalifikaziorik onenak dituela.

Hori guztia garrantzitsua da, baina are garrantzitsuagoa da ikustea nola Pedrok eta bere talde bikainak, Ada emaztea buru duela, zoriontsu egiten dituzten Kantauri itsasoari begira zintzilik dagoen jatetxera joaten diren guztiak (aizue, sekula entzun al duzue Ada edo Maitagarri batek 'akelarrea' gidatzen duen kontua?). Handik dagoen ikuspegiak indarberritu egiten du espiritua; sukaldeak, gorputza zoriontsu egon dadin lortzen du; eta jatetxean ematen dizuten tratuak egoera biribiltzen du, ia nirvanara iristeraino. Eta ez dago ulermen arazorik: Pedrok zinez orekatua den sukaldaritza egiten baitu. Ez die uko egiten berrikuntzei, ezta ikerketari ere... eta denboraldi bakoitzean jaki berriak sortzen ditu, ikerketa lan horren fruitu. Alabaina, ez ditu albo batera uzten zapore klasikoak, euskal sukaldaritzaren eta Donostiako sukaldaritzaren ospe handiak oinarrian izan dituen zenbait jaki. Pedro ez da mugatzen nouvelle cuisine delakoa egitera, dagoeneko klasikoa duguna; aitzitik, abangoardiaren bideetatik joatera arriskatu da, zuhurtzia handiz... Baina ez dio iskin egin beren tintan dauden txipiroi paregabeen tentazioan zaleak eroraraztzeko aukerari. Eta horri esaten diogu oreka, horri esaten diogu sukaldaritza. Eta horixe eskaintzen digu, hain zuzen, Pedro Subijana izenez ezagutzen dugun sukaldari bikain eta pertsona ezin hobeak.

Cristino Álvarez (Caius Apicius)

Introduction *Introducción* Atarikoa

Technology advances so fast that what is innovative and surprising today will be obsolete tomorrow. Therefore we must be open to any development that represents a step forward or that facilitates or improves our end product.

The recognition our profession received in recent times and society's respect for our work opened some doors for us – when it came to making ourselves heard, at least. This gained us access to much of the information that had previously been unavailable to us. The scientific community's lack of understanding is now in the past, but at the time it was suspicious of the intentions of chefs interested in expanding their professional horizons via scientific and technological knowledge.

New Basque Cuisine championed good, honest, clean, light, authentic food, made with the finest ingredients. In a few short years, we managed to overcome our profession's addiction to aesthetics and in doing so, regained customers' trust – much of which had been lost.

Technical innovation, the molecular, the scientific, the shock factor...that's all well and good (very good, in fact) as long as it is incorporated into a dish in which the ingredients, flavours and rationale are at least as important as the science. I don't like, nor do I subscribe to, the term 'molecular gastronomy'. That's for scientists in a laboratory. Chefs are, or should be, experts in flavour. If the ultimate aim of all the spectacle is not the enjoyment and thrill of flavour, it's worthless in my opinion. It's neither cooking nor gastronomy.

Haute Cuisine requires not only an excellent team, great facilities, the best products and the ultimate professionalism, but an almost monastic dedication. If this isn't the route for you, then there are always other options. There is more than one way to create superb food. What really matters is making the right choice, doing what you do well and devoting yourself fully to what you are capable of. There's no sense in a great driver suddenly deciding to fly a jet. The crash could be terrible.

We are losing great chefs who, though maybe not especially creative, would make excellent practitioners of good traditional and regional cuisine. Nowadays it seems that if you're not involved in certain kitchen trends, you are disqualified before you even begin: you won't be noticed. The pressure to follow a path that is unfamiliar, one that's leading in the wrong direction, can ruin potentially great restaurants and chefs. They take a wrong turn and end up losing both their way and their enthusiasm.

La tecnología avanza, de tal manera que lo que hoy es novedoso y sorpresivo, mañana ya no lo es. Por eso hay que estar abierto a toda evolución si supone un adelanto o facilita y mejora el resultado buscado.

El reciente reconocimiento de nuestra profesión y el respeto social hacia nuestro trabajo nos abrieron las puertas, por lo menos, a la hora ser escuchados. Así nos llegó mucha de la información que antes nos era vetada. Lejos queda la incomprensión del mundo científico, que recelaba de las intenciones de los cocineros interesados en ampliar sus horizontes profesionales acudiendo al saber tecnológico y científico.

Desde la Nueva Cocina Vasca defendíamos una cocina noble, honesta, limpia, aligerada, auténtica, hecha con el mejor producto. Así, en unos pocos años, conseguimos desechar aquellos vicios esteticistas y recuperar la confianza del comensal, que se había perdido en gran medida.

La innovación técnica, lo molecular, lo científico, la supersorpresa en el plato..., todo eso está muy, pero que muy bien, siempre que se incluya en un plato cuyo producto, sabor y razonamiento sean al menos tan notorios como la parte científica del mismo. No me gusta, no comparto, la denominación de cocina molecular. Son solo los científicos en el laboratorio los que las pueden ver. Los cocineros somos, o debemos ser, especialistas del gusto. Si todo este espectáculo no tiene como objetivo un placer y una emoción por el sabor, para mí no merece la pena: ni es cocina ni es gastronomía.

La Alta Cocina exige, además de un excelente equipo humano, una gran instalación, un gran producto y una gran profesionalidad, con una dedicación casi monacal. Si no se puede ir por esa vía, siempre quedan otras opciones, pues hay muchas formas de hacer una magnífica cocina. Lo verdaderamente imprescindible es optar por lo bueno, por hacerlo bien, por dedicarse cabalmente a lo que uno es capaz. Cuando uno es un buen conductor de automóvil, no tiene sentido que pretenda, sin más, pilotar un jet: el estacazo puede ser impresionante.

Nos estamos perdiendo grandes cocineros, aquellos que, sin ser especialmente creativos, serían unos excelentes practicantes de la buena cocina tradicional y regional. En la actualidad parece ser que, si uno no se dedica a determinadas tendencias dentro de la cocina, ya está descalificado de antemano: nadie se fijará en él. El estrés por la obligatoriedad de circular por una vía que no se domina y que no es la que corresponde puede dar al traste con potenciales magníficos restaurantes y cocineros, que pierden el norte y la ilusión por haber errado el camino.

Teknologia aurrerantz doa, etengabe. Gaur berria eta ustekabekoa dena bihar ez da hala izango. Horregatik, ateak zabaldu behar zaizkio bilakaera orori, baldin eta aurrerapena badakar edo bilatzen dugun emaitza errazten edo hobetzen badu.

Gure lanbideak berriki jaso duen aitortzari eta gure lanari begira gizarteak erakutsitako errespetuari esker, gure ahotsa, behintzat, entzunarazi ahal izan dugu azkenean. Era horretan, aurretiaz betoa jarrita zuen informazio ugari iritsi zaigu. Eta urrun geratu da, beraz, zientzia munduaren ezin ulertua, mesfidati baitzegoen sukaldarien asmoei begira, teknologia eta zientzia jakintzetara jota geure muga profesionalak handitu beste helbururik ez bagenu bezala.

Euskal Sukaldaritza Berria sortuta, sukaldaritza prestua, zintzoa, garbia, arina eta benetakoa defendatzen genuen, produkturik onenarekin egindako sukaldaritza. Urte gutxiren buruan, estetikan oinarritutako ohitura txar haiek alboratzea eta mahaikideen konfiantza berreskuratzea lortu genuen, hein handi batean galduta zegoena aspaldian.

Berrikuntza teknikoa, molekularra, zientzia, jakiak eman dezakeen ezusteko handia... hori guztia ondo dago, oso ondo; betiere, zientzia alderdia bezain garrantzitsuak badira jakian txertatuta dauden produktua, zaporea eta arrazoibidea. Ez zait gustatzen eta ez nator bat sukaldaritza molekularra izendapenarekin. Laborategian dabiltzan zientzialariek baino ezin dute hori ikusi. Sukaldariok, ordea, dastamenaren espezialistak gara, edo izan beharko genuke. Espektakulu horren guztiaren helburua ez bada zaporeak sustatutako plazera edo emozioa, nire ustez, ez du merezi: hori ez da ez sukaldaritza, ezta gastronomia ere.

Goi Mailako Sukaldaritzak giza talde bikaina eskatzen du halabeharrez, baina horrez gainera, funtsezkoak dira produktu ona eta profesionaltasun handia, ia fraideenaren antzeko jardunean murgilduta. Bide horretatik aurrera egin ezin badugu, izango dugu beste aukerarik, ezin konta ahala modu baitago sukaldaritza aparta egiteko. Ezaugarri bakarra da behar-beharrezkoa: gauza onaren aldeko hautua egitea, gauzak ongi egitea eta norbanakoa gai den zereginean jardutea, ganoraz eta behar bezala. Pertsona bat ondo moldatzen bada autoa gidatzen, ez dauka zentzurik, besterik gabe, jet bat gidatzen ahalegintzeak: kolpea itzela izan bailiteke.

Sukaldari handi ugari ari gara galtzen; sormen handikoak ez izanagatik, sukaldaritza tradizionalean eta eskualdeko sukaldaritzan langile bikainak izango liratekeenak. Gaur egun, badirudi sukaldaritzaren barneko joera jakin batzuetan ez dabilen sukaldaria aldez aurretik ezetsiko dutela: inor ez da ohartuko hor dagoenik ere. Menderatzen ez den eta bakoitzari ez dagokion bide batetik derrigorrez ibili beharrak dakarren estresak, tamalez, pikutara bidali ditzake jatetxe eta sukaldari apartak izan litezkeenak; ondorioz, sukaldariek iparra eta ilusioa galtzen dute, bidean huts egin duten ustearekin.

Pedro Subijana

to begin *para empezar* to begin *para empezar* to begin *para empezar*
Appetizers *Aperitivos* Appetizers *Aperitivos* Appetizers *Aperitivos* Appetizers *Aperitivos* Appetizers *Aperitivos* Appetizers

Black pudding roll. Zurrukutuna. Hollow basil. Piquillo and olive chessboard
Box of savoury chocolates *Caja de bombones salados* Box of savoury chocolates
Rulo de morcilla. Bombón de Zurrukutuna. Hueco de albahaca. Damero de piquillo y aceituna

Recipe on pages 182-183
Receta en la página 205-206

Black pudding roll. Zurrukutuna. Oysters eaten with shell. Artichoke polvorón
Box of savoury chocolates *Caja de bombones salados* Box of savoury chocolates
Rulo de morcilla. Zurrukutuna. Ostra con cáscara. Polvorón de alcachofa

Recipe on pages 182-183
Receta en la página 205-206

Tomato and basil liquid soap. Sponge: take the onion 'sponge' and squeeze the tomato gel on top. Sea bath salts... pop them straight into your mouth! Idiazábal moisturiser. Mouthwash cocktail

Freebies *Amenities* Freebies *Amenities* Freebies *Amenities* Freebies *Amenities*
Amenities Freebies *Amenities* Freebies *Amenities* Freebies *Amenities* Freebies *Amenities* Freebies *Amenities* Freebies

Recipe on page 182
Receta en la página 205

Gel de tomate y albahaca. Esponja: tome la "esponja" de cebolla y póngale el gel de tomate. Sales de Baño Marinas, directamente a la boca! Crema de Idiazábal. Oral coctail

Freebies *Amenities* Freebies *Amenities* Freebies *Amenities* Freebies *Amenities*
Amenities Freebies *Amenities* Freebies *Amenities* Freebies *Amenities* Freebies *Amenities* Freebies *Amenities* Freebies

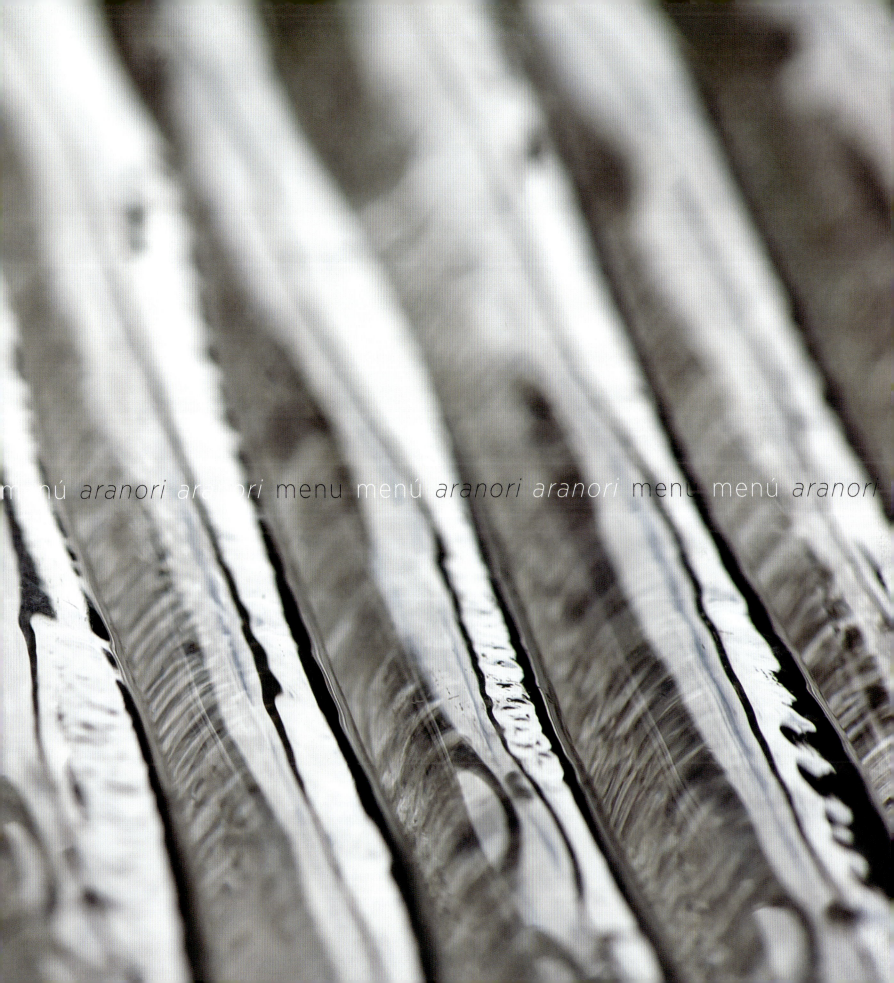

Peel the tail. The cooking is done at the table, flambéed in orujo. We recommend you suck the head and accompany the tail with green beans and their sauce

Prawns and green beans flambéed in orujo *Gambas con vainas al fuego de orujo*

Pelada la cola, la cocción se hace en la sala a la llama de un aguardiente de vino. Se recomienda chupar la cabeza, y acompañar la cola con la juliana de vainas y la crema de las mismas

A selection of molluscs opened over a coal fire, with cream of rice and borage, covered by a net of sea remains. Full flavour of the sea

Shellfish in a fisherman's net *Moluscos en la Red del Pescador*

Conjunto de moluscos abiertos al fuego de carbón, con crema de arroz y borraja, cubiertos por una red en la que quedan restos del mar. Sabor pleno a mar

Homemade pasta prepared with piquillo peppers and flavoured with Ibérico ham. Although it tastes like cold meat, this dish is, in fact, made using vegetables

Una pasta hecha en casa, con piquillos y sabor de Ibérico. Da la sensación de comer un fiambre aunque es vegetal
Carpaccio of pasta, piquillo and ibérico ham, with mushrooms and parmesan
Carpaccio de Pasta, Piquillo e Ibérico con Setas y Parmesano Carpaccio of pasta, piquillo and ibérico ham, with mushrooms and parmesan

Preparation based on salt cod tripe. Salt cod simulating beef tripe and white tomato juice
Salt cod callos *Callos de bacalao* Salt cod callos *Callos de bacalao* Salt cod callos
Preparación a base de tripa de bacalao, bacalao simulando unos callos de ternera y un jugo de tomate blanco

Recipe on page 184
Receta en la página 207

Recipe on page 185
Receta en la página 208

Fillet of red mullet. A praline made from the head and bones. Red mullet liver with onion. Fusilli filled with parsley, soy and white garlic sauce. We call this recipe 'whole red mullet' because we use the entire fish, including the head, bones and live
Whole-grain red mullet with three-sauce 'fusilli' *Salmonete Integral con "Fusili" de Salsa*

Filete de salmonete. Praliné de cabezas y espinas. Su higo encebollado. Fusilis rellenos de salsa de perejil, soja y ajo blanco. Integral porque se utiliza todo el salmonete, incluida cabeza, espinas e hígado

Whole-grain red mullet with three-sauce 'fusilli' *Salmonete Integral con "Fusili" de Salsa*

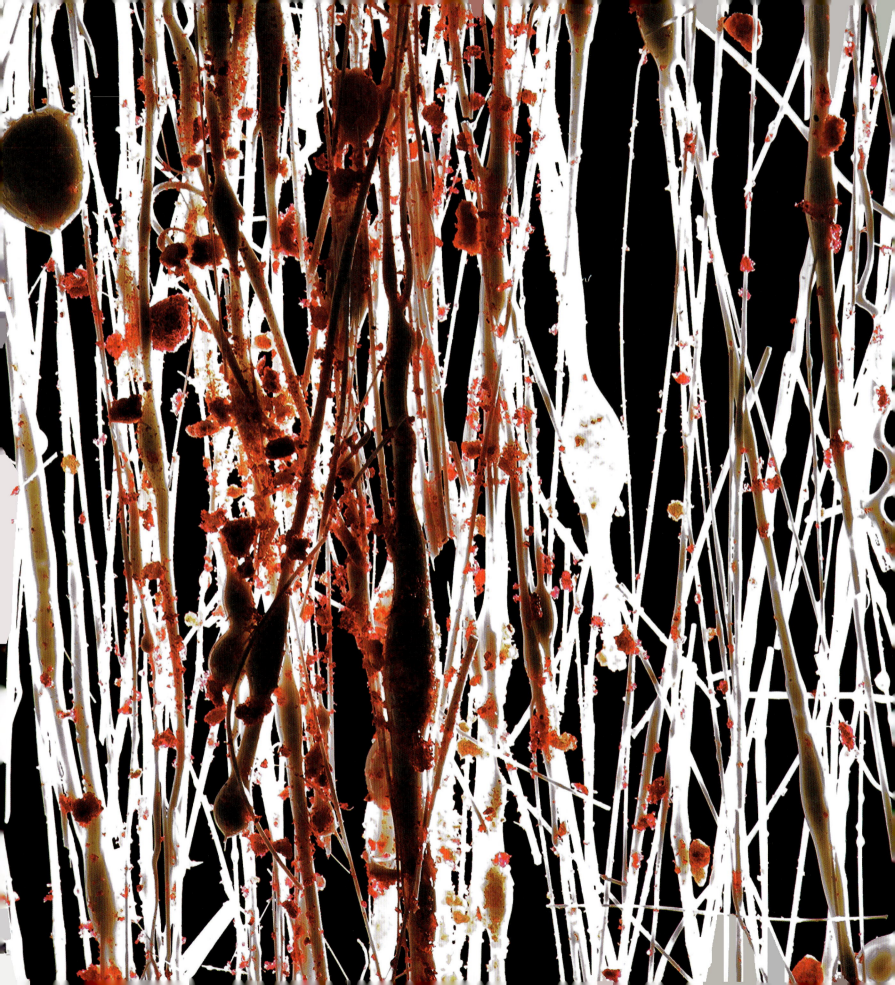

A lean loin joint from a large lamb. Wine 'sediment' and some wine extract served on a melted bottle
Charcoal grilled lamb with wine sediment *Cordero a la brasa con los posos del vino*
Cordero a la brasa con los posos del vino Charcoal grilled lamb with wine sediment *Cordero a la brasa con los posos del vino*

Carne magra de lomo de cordero grande. Colocamos en una botella fundida los cristales de fondo y un extracto de vino
Charcoal grilled lamb with wine sediment *Cordero a la brasa con los posos del vino*
Cordero a la brasa con los posos del vino Charcoal grilled lamb with wine sediment *Cordero a la brasa con los posos del vino*

The breasts are tender when lightly cooked. The Mexican mole enhances them, and has cocoa in its ingredients, too
Roast pigeon with a hint of mole and cocoa *Paloma asada, con un toque de mole y cacao*
Las pechugas son tiernas si están poco hechas. El mole mexicano le da un plus de realce y, además, lleva cacao entre sus ingredientes

Traditional Tolossara confectionery with permission from master confectioner Gorrotxategi. We have recreated it: egg and almond accompanied by a technique of iced mousse

Xaxu with iced coconut mousse *Xaxu con helado espumoso de coco*

Tradicional producto de la confitería Tolosarra con el permiso del maestro confitero Gorrotxategi. Lo hemos recreado: huevo y almendra acompañados de una técnica de helado espumoso

Well-baked puff pastry. Apple cream. Puff pastry praline. And homemade apple paper with our name on it – edible, of course. We have succeeded in making a new apple tart: although you won't find a single chunk of apple in it, it is more intensely apple flavoured than any other

A different apple tart *Otra tarta de manzana* A different apple tart
Otra tarta de manzana A different apple tart *Otra tarta de manzana* A different apple tart *Otra tarta de manzana*

Hojaldre bien tostado. Crema de manzana. Praliné de hojaldre. Y una original lámina de manzana con nuestro nombre, comestible, por supuesto. Hemos hecho una nueva tarta de manzana, no tiene un solo trozo de manzana a la vista pero sabe más a manzana que ninguna

A different apple tart *Otra tarta de manzana* A different apple tart *Otra tarta de manzana* A different apple tart

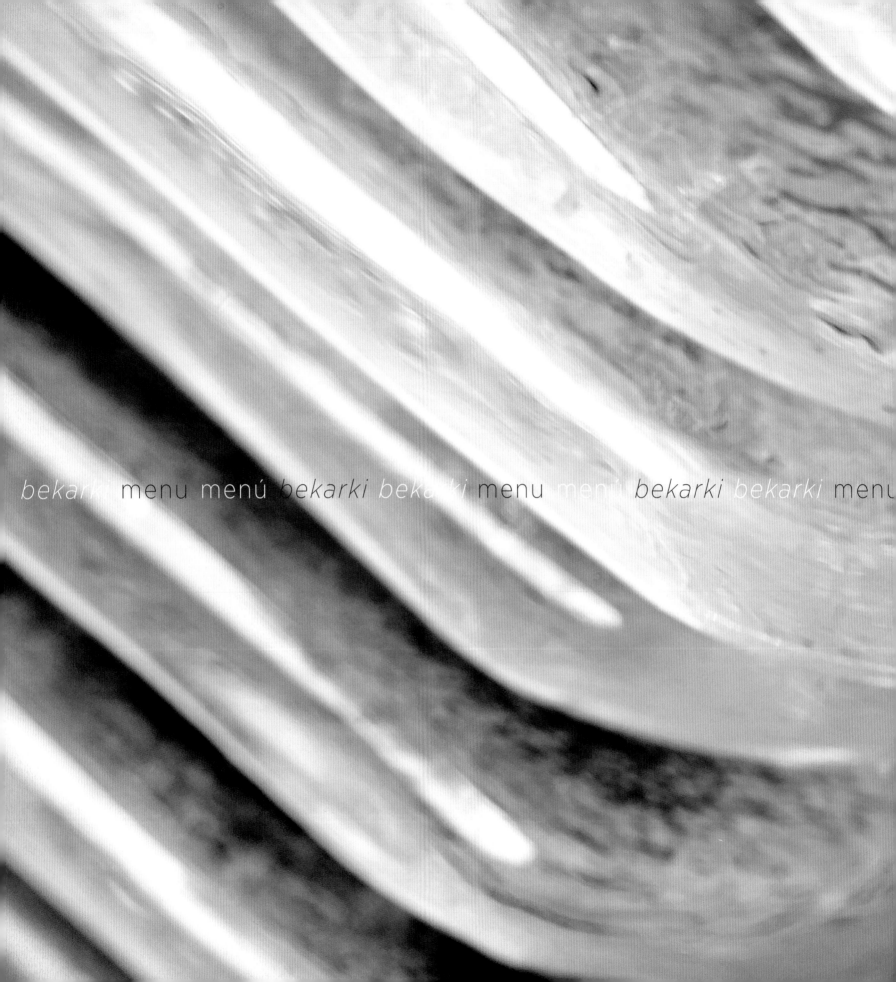

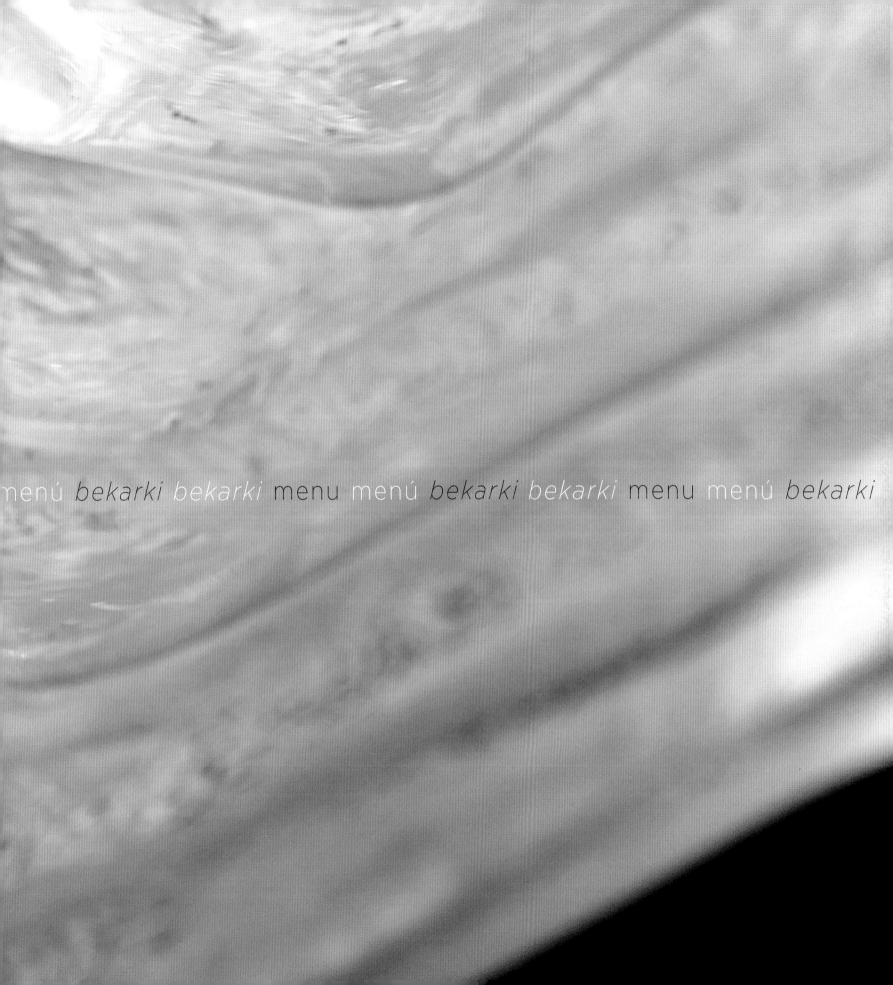

The crab meat is enhanced by its broth. Accompany this with pasta, which looks like grains of rice
Txangurro in essence on coral blini with gurullos
La carne del crustáceo se ve reforzada por su jugo. Acompañar de esta pasta que simula granos de arroz

Combining razor clam with veal and cauliflower mushroom. Textures, flavours, contrasts...

Razor clam with veal shank *Navaja con pata de ternera*

Ir combinando la navaja junto con la ternera y la seta coliflor. Texturas, sabores, contrastes...

Recipe on page 187
Receta en la página 210

Fresh sautéed foie gras heavily seasoned with salt and pepper. *Foie fresco a la sartén con muchísima salpimienta*

Fresh sautéed foie gras heavily seasoned with salt and pepper. Foie fresco a la sartén con muchísima salpimienta
Fresh sautéed foie gras with 'salt flakes and peppercorns'
Foie fresco a la sartén con sal y pimienta en grano Fresh sautéed foie gras with 'salt flakes and peppercorns'

Eat the baby garden vegetables in two parts: the leaves as salad, the fruits al dente. Try the baby peas on their own. What a sensation! Break the egg and eat mixed with the baby peas

Fried egg with baby peas and baby garden vegetables

Coma las miniverduritas en dos partes: las hojas como ensalada, los frutos al dente. Pruebe los guisantitos solos. ¡Qué sensación! Rompa el huevo y cómalo mezclado con los guisantes

Turbot with its kokotxa *Rodaballo con su "kokotxa"* Turbot with its kokotxa *Rodaballo con su "kokotxa"* Turbot with its kokotxa

This dish is made entirely from turbot, including the kokotxa. Esta elaboración está hecha en su totalidad con rodaballo, incluso su "kokotxa"

Turbot with its kokotxa *Rodaballo con su kokotxa* Turbot with its kokotxa
Rodaballo con su kokotxa Turbot with its kokotxa *Rodaballo con su kokotxa* Turbot with its kokotxa

Recipe on page 188
Receta en la página 211

Tomato ball. Emulsion of Iberico. Tender stem of allium. To achieve a crunchy and juicy texture cook the suckling pig in Iberico broth and finish in the oven. Start with the suckling pig and tomato ball, continue with another piece and the Iberico emulsion. Finish by eating together

Roast suckling pig with tomato bolao and ibérico emulsion

Bolao de tomate. Emulsión de ibérico. Tallo tierno de allium. Para lograr una textura crujiente y jugosa el cochinillo se cocina en caldo ibérico y se termina en el horno. Empezar por el cochinillo con bolao de tomate, continuar con otro trozo y la emulsión de ibérico. Terminar degustando en conjunto

The loin is the best part of the hare. And what shall we do with the rest of it? Cook it long remembering the famous classic recipe
Roast loin of hare á la royale with chestnuts *Lomo de liebre asado, con su royale y sus castañas*
De la liebre, lo mejor el lomito. ¿Y con lo demás, qué hacemos? Pues cocinarlo largamente recordando la famosa receta clásica

Milk and grape, cheese and wine in parallel evolution *Leche y uva, queso y v*

Vine leaves, junket made from sheep's milk, and walnuts. Curds with chives and grapes. Quark cheese flavoured with nutme
Ximénez sherry – then brandy with gorgonzola ice-cream. Move from delicate to strong, so that you can appreciate not only th

Parra, leche de oveja cuajada y nuez. Requesón con cebollino y uvas. Queso quark aromatizado con nuez moscada
Ximénez y helado de queso gorgonzola. Comenzar de suave a fuerte para reconocer todos y cada uno de los diferente

Leche y uva, queso y vino en evolución paralela Milk and grape, cheese a

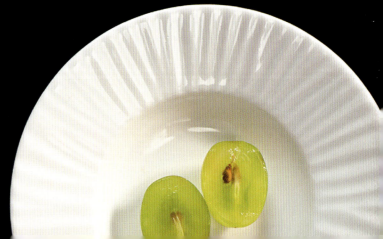

en evolución paralela Milk and grape, cheese and wine in parallel evolution

nd pink pepper, grape must and tomato. Semi-cured Idiazábal with quince and wine powder. A ball of Torta del Casar in Pedro
ilk's different flavours, but also the transformation that the grapes and the milk undergo as they evolve from youth to maturity

imienta rosa, mosto y tomate. Idiazábal semicurado con membrillo y polvo de vino. Uva de torta del Casar al Pedro
abores que tiene la leche, así como las transformaciones que sufre la uva y la leche desde su origen hasta su vejez

wine in parallel evolution *Leche y uva, queso y vino en evolución paralela*

Recipe on page 189
Receta en la página 212

A little citrus-filled shell served with chocolate candyfloss and chocolate ice-cream
Citrus shell with chocolate shavings *Caracola de cítricos y virutas de chocolate*
Caracola de cítricos y virutas de chocolate Citrus shell with chocolate shavings *Caracola de cítricos y virutas de chocolate*

Recipe on page 190
Receta en la página 213

Pequeña caracola rellena de cítricos con algodón de chocolate y helado de cacao

other dishes *otros platos* other dishes *otros platos* other dishes *otros platos* other dishes

otros platos other dishes *otros platos* other dishes *otros platos* other dishes *otros platos*

Shrimp and prawns in a shell powder with tomato meringue and rocket
Gambas y camarones en polvo de su caparazón, merengue de tomate y rúcula

Oysters eaten with shell *Ostras que se comen con cáscara* Oysters eaten with shell

Recipe on page 191
Receta en la página 214

King crab in sequences *Cangrejo real en secuencias* King crab in sequences

Recipe on page 191
Receta en la página 215

Foie gras and tapioca pearls with sour salad *Perlitas de foie y tapioca con ensalada ácida*

Recipe on page 192
Receta en la página 215

'Zebra' squid *Chipirón 'zebra'*

'Zebra' squid *Chipirón 'zebra'* 'Zebra' squid *Chipirón 'zebra'* 'Zebra' squid *Chipirón 'zebra'*

Recipe on page 192
Receta en la página 216

Squid rings *Aros de chipirón* Squid rings *Aros de chipirón* Squid rings

Cold txangurro with sea flavours and sprouts *Txangurro frío con sabor de mar y germinados*

Steamed shellfish with borage *Moluscos al vapor con borraja*

Mushrooms in the forest *Setas en el bosque* Mushrooms in the forest

Mushrooms with egg pasta *Setas con pasta al huevo* Mushrooms with egg pasta

Line-caught squid on coloured sand *Chipirón de anzuelo en la arena de colores*

Recipe on page 194
Receta en la página 218

False vegetable risotto with beetroot egg yolk *Falso risotto de verduras con yema a la remolacha*

Recipe on page 195
Receta en la página 218

Squid with onion and parmesan curd *Chipirón con cebolla y cuajada de parmesano*

Boned lamb's tail with cauliflower, leek, carrot and beetroot macaroni
Rabo de cordero deshuesado con macarrones de coliflor, puerro, zanahoria y remolacha

Box of desalted cod *Caja de bacalao desalado* Box of desalted cod

Recipe on page 196
Receta en la página 219

Three-minute egg *Huevo en tres minutos* Three-minute egg *Huevo en tres minutos*

Recipe on page 196
Receta en la página 219

Vegetable ravioli *Ravioli de verduras* Vegetable ravioli *Ravioli de verduras*

Recipe on page 197
Receta en la página 220

Chipirón broth, mini squid and fried bread *Caldo de chipirón, minichipirón y pan frito*

Squid in Añana salt *Chipirón a la sal de Añana* Squid in Añana salt

Brewed lobster *Langosta destilada* Brewed lobster *Langosta destilada*

Roasted lobster with a spice balloon *Bogavante asado con globo de especias*

Tuna in onion paper with tamarillo *Atún en papel cebolla con tamarillo*

Recipe on page 198
Receta en la página 222

Escabeche instant tuna with piparras *Escabeche de atún al minuto con piparras*

Beef in copper potato with lentil purée *Buey en patata de cobre y puré de lentejas*

'Stewed' veal with carrots and parsnips *La ternera del cocido con zanahoria y chirivía*

Recipe on page 200
Receta en la página 224

Loin of lamb with barley and malt, black vegetable tempura
Lomo de cordero con cebada y malta, tempura negra de verduras

Instant curd with red fruits and petals *Cuajada a la vista con frutos rojos y pétalos*

Calanda drum *Tambor de Calanda* Calanda drum *Tambor de Calanda*

Rhubarb sorbet with frosted herbs *Sorbete de ruibarbo con hierbas escarchadas*

Gypsy roll with leche merengada and blackberry sauce
Rulo gitano con leche merengada y salsa de moras Gypsy roll with leche merengada and blackberry sauce

Liquor fruit ravioli with apple soup *Ravioli de frutas licorosas con su sopa de manzana*

Edible aromas of port *Los aromas materializados del oporto*

Recipe on page 202
Receta en la página 226

Peach in syrup *Melocotón en almíbar* Peach in syrup *Melocotón en almíbar*

Strawberry cream with frozen yoghurt pearls *Crema de fresas con perlas de yogur helado*

Peach flower *Flor de melocotón* Peach flower *Flor de melocotón* Peach flower

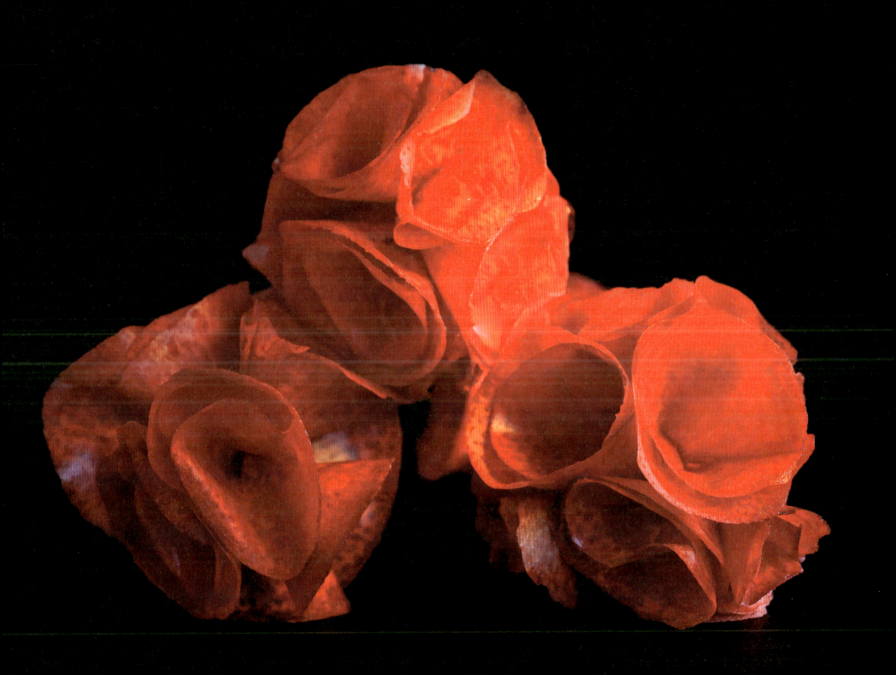

Lime-lemon *Lima-limón* Lime-lemon *Lima-limón* Lime-lemon *Lima-limón*

Recipe on page 204
Receta en la página 228

Kitchenclassroom-Azti-BasqueCulinaryCenter *AuladeCocina-Azti-BasqueCulinaryCenter*

Kitchen classroom - Azti - Basque Culinary Center *Aula de Cocina - Azti - Basque Culinary Center*

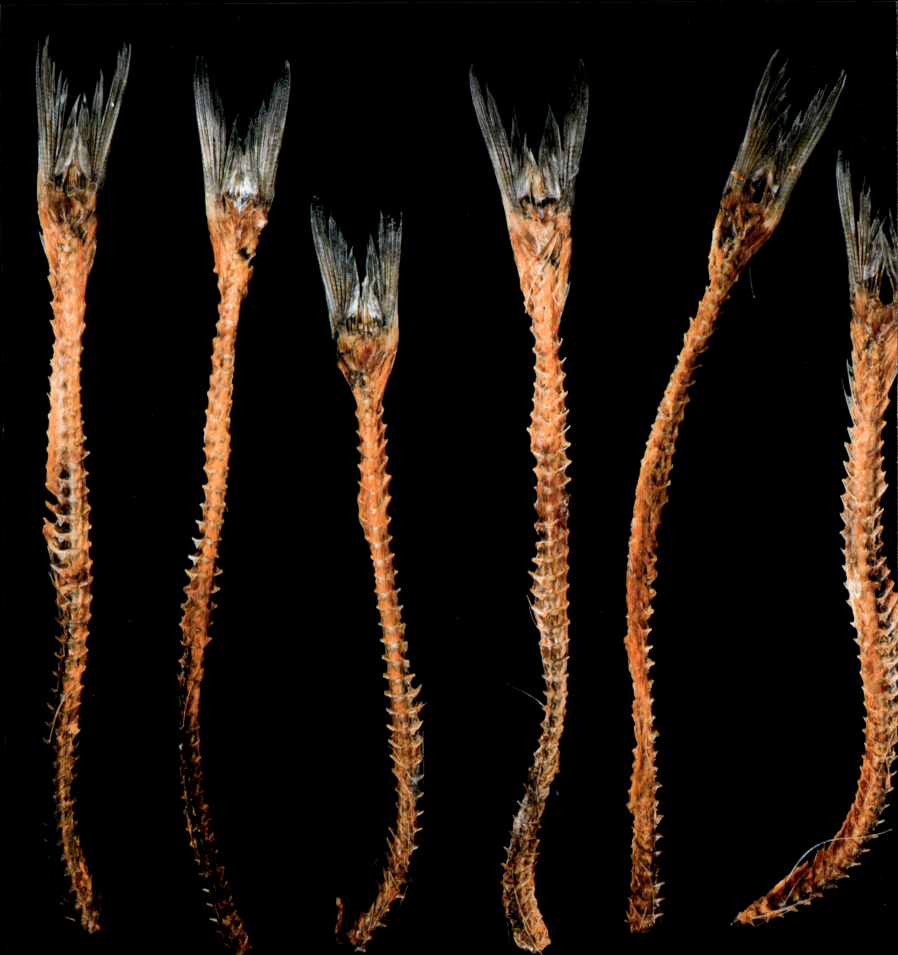

Our research department, which has been growing for many years, has now become our kitchen classroom.

In the beginning, we didn't even have any staff employed specifically to carry out research. We performed tests as we went along in addition to our day-to-day work. Little by little, we built a permanent team who devote all their time and effort to culinary research, to unearthing new products and to drafting the range of papers that we present throughout the year at various events. Enrique and Borja head up this group.

We set up an office, filled with files and documents, within our administrative facilities. We also compiled a library containing hundreds of books on various subjects related to our field.

Our day-to-day work and its demands have meant that we have needed progressively more staff and more separate and independent spaces.

The teams operate at their own pace, taking responsibility for the tests and trials necessary to generate new techniques, and, from these, new dishes. This work is meaningful only if the research they do and the new methodologies they develop are focused on one ultimate goal, on a result that is proportional to the amount of work undertaken to achieve it. Said goal is to make our guests jump out of their skin (in a good way); otherwise, it's not worth it.

Kitchen classroom *Aula de cocina* Kitchen classroom *Aula de cocina*

Nuestro departamento de investigación, que lleva desarrollándose muchos años, se traduce actualmente en nuestra aula de cocina.

En un principio ni tan siquiera contábamos con unas personas concretas destinadas a este menester. Hacíamos nuestras pruebas sobre la marcha, sin dejar de cumplir con el trabajo diario. Poco a poco fuimos constituyendo un equipo que dedica su tiempo y su esfuerzo, a jornada completa, a la labor de investigación en cocina y a la búsqueda de nuevos productos, así como a preparar las diferentes ponencias que se nos encargan a lo largo del año en diversos foros. Borja y Enrique son quienes lideran este grupo.

Hemos puesto en marcha una oficina, con sus archivos y su documentación, dentro de nuestras instalaciones administrativas. Contamos también con una biblioteca con cientos de libros sobre las distintas materias relacionadas con nuestro campo.

El trabajo cotidiano y sus exigencias han demandado progresivamente más personal y más espacios concretos e independientes.

Los equipos funcionan a su ritmo, responsabilizándose de los ensayos y de las pruebas necesarias para generar las nuevas técnicas y los nuevos platos resultantes de las mismas. Todo esto tiene sentido si el trabajo de búsqueda y las nuevas metodologías se enfocan hacia un objetivo final: un resultado proporcional al trabajo tomado para llegar a esa conclusión. Se trata de hacer saltar en la silla al comensal, en el mejor sentido; de lo contrario, esta vía no merece la pena.

Since we were exploring a variety of avenues in our insatiable quest for new techniques, we also needed a specific space in which to carry out this work. Therefore, we decided to create a research kitchen within our production kitchen.

To this end we have designed an experimental kitchen space with an adjoining room equipped with every conceivable audiovisual media, allowing us to carry out demonstrations, to hold meetings and to run our courses, which are in constant demand.

The classroom is designed as a space for experimentation (R+D+i) and for testing the dishes that will form part of our menu. It can also be used for hosting 'chef's table' meals, where we provide our guests with all kinds of information and explanations about their dishes. Our guests end up enjoying their meal a thousand times more, and incidentally, more fully appreciating the process involved in preparing each and every detail of the recipes.

We organize these courses and special meals by prior booking and for groups of eight to thirty people (depending on availability). The duration of the demonstrations and courses can vary from an hour (before a meal served in the main dining room) to a full day course for professionals. The contents are also tailored to the specific needs in each case: classes on healthy eating for schoolchildren, for example, or on affordable meals for young people who are starting to appreciate the value of gastronomy and who are curious about the workings of our kitchen.

Kitchen classroom *Aula de cocina* Kitchen classroom *Aula de cocina*

Puesto que tenemos abiertos diferentes frentes en nuestra búsqueda insaciable de nuevas técnicas, necesitamos también un espacio específico para desarrollar tal cometido. Por ello decidimos crear una cocina de investigación dentro de nuestra cocina de producción.

Para tal fin hemos diseñado un espacio de cocina experimental que acoge una sala adosada y equipada con todos los medios audiovisuales, lo que nos permite hacer determinadas demostraciones, reuniones y los cursos que nos son solicitados constantemente.

El aula ha sido concebida como lugar de experimentación (I+D+i) y de pruebas de los platos que van a formar parte de nuestra carta. Podemos celebrar una comida guiada en la que les damos a nuestros comensales toda clase de información y explicaciones sobre aquello que están comiendo. De esta manera terminan disfrutando mil veces más de los platos y conseguimos, de paso, que le den más mérito e importancia al proceso seguido para preparar cada detalle de cada receta.

Organizamos estos cursos y estas comidas previo encargo y para grupos que pueden ir desde ocho hasta treinta personas (según también nuestra disponibilidad). La duración de las demostraciones y cursos puede variar, desde los sesenta minutos precedentes a una comida servida en el comedor principal hasta varias horas en un curso de toda una jornada para profesionales. Los contenidos se ajustan también a la demanda: pueden consistir, por ejemplo, en una clase sobre alimentación sana para los niños de una ikastola o en la explicación de los menús a precios asequibles para jóvenes que empiezan a apreciar los valores de la gastronomía y a quienes intriga cómo es la cocina por dentro.

Over the years we put together a very good library on the subject of cooking, consisting of around two thousand volumes. This answered many of our questions; however we yearned to know more. Nowadays we speak of the Internet as a tool for life, but it had not yet been invented at this time, and, in any case, the information found on it is often of questionable accuracy.

We established various new relationships but were never fully satisfied – until we came across AZTI-Tecnalia. A framework agreement with this group, which is made up of more than two hundred and fifty people (mostly university graduates and scientists), opened up a whole new horizon. It was everything we had been dreaming of: scientists, laboratories, research facilities, pilot plants. It had the means to find the answers to all our questions. Most importantly, it had a proactive attitude we had not come across before in the sector.

AZTI-Tecnalia is a research centre with thirty years of experience. It specialises in two broad areas, marine and food research, and defines its strategy as the collection, generation and transfer of knowledge in order to meet society's current and future needs. It was this operating dynamic, as well as its facilities and capabilities, that convinced us to partner with this international research centre.

Kitchen classroom *Aula de cocina* Kitchen classroom *Aula de cocina*

Con los años habíamos ido recopilando una muy buena biblioteca sobre cocina con cerca de dos mil tomos, donde podíamos consultar gran parte de nuestras dudas, pero ansiábamos saber más. Hoy hablamos de Internet como una herramienta de toda la vida, pero no nos olvidemos de que su existencia es posterior a los años a los que me estoy refiriendo y que, además, en muchos casos es discutible el rigor de sus informaciones.

Entablamos varias nuevas relaciones, pero no nos satisfacían, hasta que topamos con AZTI-Tecnalia. Un convenio marco con este grupo compuesto por más de doscientas cincuenta personas (titulados universitarios y científicos en su mayoría) nos abrió un nuevo panorama acorde con nuestros sueños: científicos, laboratorios, investigación, planta piloto con todos los medios para encontrar solución a todas nuestras inquietudes... Y, sobre todo, hallamos aquí una actitud proactiva que nunca habíamos encontrado en el sector.

AZTI-Tecnalia es un centro de investigación con treinta años de experiencia, especializado en dos grandes áreas de conocimiento, la marina y la alimentación, y con una estrategia definida en captar, generar y transferir conocimiento para dar respuesta a las necesidades actuales y futuras de la sociedad. Fue esta dinámica de funcionamiento, con sus posibilidades y competencias, lo que nos decidió a asociarnos con un centro de referencia internacional.

We are currently collaborating in various fields, guided, as always, by the values of transparency and trust. This collaboration is enabling us to build a team of people with different perspectives and abilities to create a suitable "breeding ground" for the innovative projects and ideas that continue to transform Akelaŕe and consolidate its reputation as a cutting-edge and pioneering organization. Together we have developed an innovation agenda, in which we have identified all the operational processes and improvements we need to implement in order to provide an improved service and better customer care. This involves, for example: installing all the latest information and communications technology in Akelaŕe in order to manage and develop our knowledge; emphasising food safety in all processes to prevent any risk to our customers; and, of course, incorporating scientific knowledge when developing new recipes and dishes, and when creating new textures. Finally, I would like to pay tribute to the motivation and commitment shown by everyone in the restaurant in their work on this exciting project, this project for the future.

Kitchen classroom *Aula de cocina* Kitchen classroom *Aula de cocina*

Nuestra colaboración se está desarrollando en diversos campos, siempre con unos valores de transparencia y confianza, lo que nos está permitiendo crear un equipo formado por personas con diferentes perspectivas y competencias, y generar el adecuado "caldo de cultivo" para impulsar proyectos e ideas innovadoras que están transformando y consolidando a Akelaŕe como una organización de vanguardia e innovadora. Hemos desarrollado conjuntamente una agenda de innovación donde hemos identificado todos aquellos procesos operativos y diferentes mejoras que vamos a implantar para poder ofrecer un mejor servicio y atención al cliente. Ello conlleva, por ejemplo, la incorporación en Akelaŕe de todas las nuevas tecnologías de la información y comunicación para gestionar y valorizar nuestro propio conocimiento; resaltar la seguridad alimentaria de todos los procesos, para evitar cualquier riesgo a nuestros clientes, y, por supuesto, la incorporación del conocimiento científico a la elaboración de nuevas recetas, preparaciones, formulación de texturas... Por último, es preciso destacar el trabajo conjunto en la motivación y compromiso de todas las personas del restaurante con un proyecto ilusionante, un proyecto de futuro.

The R+D team at Akelaŕe consists of: Pedro Subijana, Félix Echave,
Borja García-Argüelles Torre and Enrique Fleischmann

Kitchen classroom *Aula de cocina* Kitchen classroom *Aula de cocina*

*El equipo de I+D del restaurante Akelaŕe está formado por: Pedro Subijana, Félix Echave,
Borja García-Argüelles Torre y Enrique Fleischmann*

Basque Culinary Center
Training is the foundation on which the future is built

This holds true both for individuals and for the country as a whole.

Progress is achieved through professionalism and the continued expansion of knowledge. Innovation, creativity, dissatisfaction and nonconformity encourage individuals to improve.

You must be demanding of yourself and of your environment, and self-critical, in order to keep your knowledge up-to-date and to find avenues for innovation. Therefore, a good training plan and a good teaching staff are essential when educating new generations.

We have been working to create a university faculty with university degree qualifications because, although there are many hotel schools, some of them very good, there has never been a course whose curriculum contained enough credits to award a degree in Gastronomic and Culinary Sciences.

My motto in life, with regards to both training and innovation, is this: "You can be happy with what you have achieved, but never satisfied." If individuals and the professional sector as a whole are well trained and demand continuous improvement from themselves, then the reputation of the entire country will benefit and will be recognized both within Spain and internationally.

Basque Culinary Center *Basque Culinary Center* Basque Culinary Center

Basque Culinary Center
La formación es la base para construir el futuro

Y eso vale tanto para cada individuo como para el país.

La profesionalidad y el continuo refuerzo de los conocimientos nos hacen progresar. La innovación, la creatividad, la insatisfacción y el inconformismo incentivan al individuo para mejorar.

Hay que ser exigente con uno mismo y con el entorno para, con sentido crítico, actualizar el conocimiento y buscar fuentes de innovación. Por ello, un buen plan de formación, con una buena plantilla de formadores, resulta imprescindible a la hora de preparar a las nuevas generaciones.

Nosotros venimos trabajando por la creación de una Facultad universitaria, con titulación de grado universitario, porque, a pesar de que hay muchas escuelas de hostelería, algunas de ellas muy buenas, no se había llegado nunca a ese nivel: el del currículo con la densidad de créditos que hay que cumplimentar para conseguir el título de grado en Ciencias Gastronómicas y Culinarias.

Mi lema en la vida, tanto en lo relativo a la formación como a la innovación, es este: "Se puede estar contento con lo conseguido, pero nunca satisfecho". Si cada individuo y cada sector profesional se forman bien y se autoexigen una mejora continua, el país en su conjunto se prestigiará y será reconocido tanto desde dentro como desde fuera.

Today we have achieved a goal we set ourselves almost thirty years ago. The stars have aligned. Institutions (the Spanish Government, the Basque Government, the Provincial Government of Guipúzcoa and the Donostia-San Sebastian City Council); companies (Eroski Group and Fagor Group, Martiko, Heineken and Covap); the research centre AZTI-Tecnalia at the University of Mondragon; and the chefs who have actively participated in this initiative (Juan Mari Arzak, Martin Berasategi, Karlos Argiñano, Andoni Luis Aduriz, Hilario Arbelaitz, Eneko Atxa and myself) finally came to an agreement and at last the Faculty of Gastronomic Sciences in Donostia, part of Mondragon University, is a reality.

We chefs are neither owners nor partners, but merely ideologists and advocates. We believe in generous actions that seek future, rather than immediate, rewards.

The Basque Culinary Center has an International Advisory Board consisting of nine of the world's top chefs.

From the 80s onwards we were sorely lacking this new level of education. It was years before someone listened to us and believed us. Better late than never. It was to our advantage that it was not something we wanted for ourselves, but rather a project that we were convinced was necessary for the future.

We sought the support and collaboration of specialist scientists, biologists, physicists, chemists, naturalists, historians, engineers, etc., in order to find scientific explanations for the variety of phenomena that occur in the kitchen.

But we were treated like pretentious and presumptuous fantasists.

Basque Culinary Center *Basque Culinary Center* Basque Culinary Center

Una de las aspiraciones anheladas por nosotros desde hace ya casi treinta años se ha visto culminada hoy por la conjunción de los astros: las instituciones (Gobierno de España, Gobierno Vasco, Diputación Foral de Guipúzcoa y Ayuntamiento de Donostia-San Sebastián); las empresas (Grupo Eroski y Grupo Fagor, Martiko, Heineken y Covap); un centro de investigación como AZTI-Tecnalia, Mondragon Unibertsitatea, y los cocineros que hemos participado activamente en la iniciativa (Juan Mari Arzak, Martín Berasategi, Karlos Arguiñano, Andoni Luis Aduriz, Hilario Arbelaitz, Eneko Atxa y yo mismo) nos hemos puesto de acuerdo por fin y estamos ante la realidad de la Facultad de Ciencias Gastronómicas en Donostia adscrita a Mondragon Unibertsitatea.

Los cocineros no somos ni propietarios ni socios, solo somos ideólogos e impulsores, y creemos en las acciones generosas que no buscan la inmediatez sino el futuro.

El Basque Culinary Center cuenta con el Consejo Asesor Internacional formado por nueve de los chefs más prestigiosos del mundo.

Desde los años 80 echábamos en falta este nuevo escalón formativo. Hemos perdido unos cuantos años hasta hacernos escuchar y creer. Más vale tarde que nunca. Contamos con la ventaja de que no era algo que queríamos para nosotros, sino un proyecto de cuya necesidad para el futuro estábamos convencidos.

Buscábamos el apoyo y colaboración de los científicos especialistas, biólogos, físicos, químicos, naturalistas, historiadores, ingenieros, etc., para encontrar las explicaciones rigurosas a los fenómenos de toda índole que ocurren en la cocina.

Pero éramos tratados como unos ilusos pretenciosos y descarados.

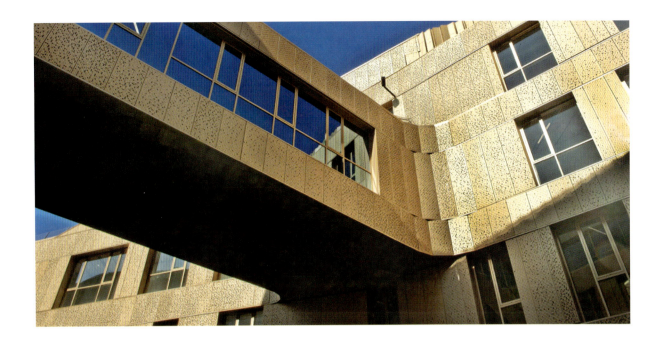

Today we have succeeded. We have achieved dignity for a profession, secured the involvement of all those various specialists and relinquished the sense of competition between us for the sake of cooperation.

Basque Culinary Center *Basque Culinary Center* Basque Culinary Center

Hoy lo hemos conseguido. Hemos logrado la dignificación de una profesión con la implicación de todos aquellos especialistas relegando el sentido de competencia en aras de la colaboración entre nosotros.

Basque Culinary Center
Prestakuntza da etorkizuna eraikitzeko oinarria

Esaldi hori baliagarria da nola banakoarentzako, hala herrialdearentzako.

Profesionaltasunak, batetik, eta ezagutzak ugaltzeko etengabeko ahaleginak, bestetik, aurrera egiten laguntzen digute. Berrikuntzak, sormenak, asegabetasunak eta konformagaiztasunak, berriz, banakoa kitzikatzen dute, hobetu dezan.

Ezinbestekoa da nork bere buruari eta inguruari asko eskatzea; hartara, zentzu kritikoz, ezagutza eguneratu eta berrikuntza iturriak bilatu ahal izango ditugu. Horregatik, prestakuntza plan egokia, trebatzaile talde bikaina duena, behar-beharrezkoa da belaunaldi berriak prestatzen joateko.

Basque Culinary Center *Basque Culinary Center* Basque Culinary Center

Unibertsitate graduko titulua emango duen unibertsitateko Fakultate bat sortzeko lanean jardun dugu; izan ere, nahiz eta ostalaritza eskola ugari egon (batzu-batzuk oso onak, gainera), sekula ez gara maila horretara iritsi: Gastronomia eta Sukaldaritza Zientzietako graduko titulua eskuratzeko bete behar diren kreditu dentsitatea biltzen dituen curriculuma izatera, alegia.

Bizitzan daukadan leloa, bai prestakuntzari begira, bai berrikuntzari begira, hauxe da: "Pozik gera zaitezke lortutakoarekin, baina sekula ez aseta". Banako eta sektore profesional bakoitza behar bezala prestatzen bada, eta bere buruari etengabeko hobekuntza eskatzen badio, herrialde osoa, oro har, izango da itzal handikoa eta ezaguna, bai barnetik, bai kanpotik.

Izarren konjuntzioari esker, duela ia hogeita hamar urtetik hona izan dugun xedeetako bat bete dugu gaur: azkenean, erakundeak (Espainiako Gobernua, Eusko Jaurlaritza, Gipuzkoako Foru Aldundia eta Donostiako Udala), enpresak (Eroski Taldea, Fagor, Martiko Taldea, Heineken eta Covap); AZTI-Tecnalia ikerketa zentroa, Mondragon Unibertsitatea eta ekimenean buru-belarri jardun dugun sukaldariok (Juan Mari Arzak, Martin Berasategi, Karlos Argiñano, Andoni Luis Aduriz, Hilario Arbelaitz, Eneko Atxa eta ni neu) ados jarri, eta egia bihurtu dugu Donostiako Gastronomia Zientzien Fakultatea, Mondragon Unibertsitateari atxikitakoa.

Sukaldariok ez gara ez jabeak, ez bazkideak; ideologoak eta sustatzaileak baizik. Eta berehalako emaitzei baino gehiago etorkizunari begiratzen dioten ekintza oparoetan sinesten dugu.

Basque Culinary Centerrek, berez, munduko bederatzi chef ospetsuenek osatutako Nazioarteko Aholku Batzordea dauka.

Basque Culinary Center *Basque Culinary Center* Basque Culinary Center

80ko hamarkadaz gero, prestakuntza maila horren premia sumatu izan dugu. Urte dezente galdu ditugu gure ahotsa entzunarazteko eta sinestarazteko. Baina berandu hobe, inoiz ez baino. Bagenuen abantaila bat: ez zela guretzat nahi genuen zerbait, etorkizunari begira beharrezkoa zela ziur geunden proiektu bat baizik.

Zientzialari espezialisten, biologoen, fisikarien, kimikarien, naturalisten, historialarien, ingeniarien eta beste hainbesteren laguntza eta babesa bilatu nahi genuen, sukaldean gertatzen diren gisa guztietako gertakarientzako azalpen zehatzak ezagutzeko.

Alabaina, jendeak ameskeriagiletzat hartu gaitu, handiusteko eta lotsa gutxikotzat.

Gaur, baina, lortu egin dugu. Espezialista ugariren esku-hartzearekin, lanbide bat duintzea erdietsi dugu, gu guztion arteko lankidetzak lehiaren zentzua bera zokoratzeraino.

Restaurant *Restaurante* Restaurant *Restaurante* Restaurant *Restaurante* Restaurant

Restaurant *Restaurante* Restaurant *Restaurante* Restaurant *Restaurante* Restaurant

Table service

Along with the increased media presence of chefs in recent years, there has been a serious decline in training centres. In the majority of the hotel schools in our country there is insufficient demand to justify offering waiter and waitress training courses. You can still find sommelier courses, because they have managed to maintain and enhance their status within restaurant teams.

When I started my professional career, most restaurant managers or owners were Maître d's or members of the waiting staff. Very few chefs were famous. I even remember someone, back in the day, reproaching Arzak and I for putting our names above our restaurants. "A restaurant," he said, "is a company, and there is no need for anyone to know who is in the kitchen." Obviously, he wasn't a chef, but he did own a great restaurant.

Restaurant *Restaurante* Restaurant *Restaurante* Restaurant *Restaurante*

El servicio de sala

Con el protagonismo mediático que los cocineros hemos conseguido en los últimos años, asistimos a un grave problema en los centros de formación: en la mayoría de las escuelas de hostelería en nuestro país no hay suficiente demanda para ofertar un curso de servicio de sala. Se pueden encontrar cursos de sumiller, porque estos sí que han conseguido mantener y aumentar el prestigio dentro de los equipos de restaurantes.

Cuando yo empecé mi andadura profesional, la mayoría de los jefes o dueños de restaurantes eran maîtres o gentes de sala. Había pocos nombres y apellidos famosos de cocineros de restaurantes. Recuerdo incluso un comentario de uno de ellos que, en aquellos tiempos, nos recriminaba a Arzak y a mí el hecho de poner nuestro nombre como enseña de nuestras casas. "Un restaurante —decía— es una empresa en la que no tiene nadie por qué saber quién es el que cocina". Evidentemente, él no era cocinero pero sí tenía un gran restaurante.

Restaurant *Restaurante* Restaurant *Restaurante* Restaurant *Restaurante*

It is impossible to run a good restaurant without qualified serving personnel. In addition, the skills required of a waiter or waitress have changed. Nowadays, instead of carving, flambéing or plating up, they must know the exact components of each dish, the ingredients it contains or the specific techniques that make it distinctive. In short, they must be completely in tune with the kitchen in order to convey to the diners the essence of the 'how' and the 'why' of each recipe. The belief that waiters have become nothing more than plate carriers is wrong. On the contrary, now, more than ever, it is imperative that they know a great deal about cooking in order to be able to feel and communicate the passion behind the dish. Professional excellence in the dining room has taken on new forms.

What do we need to do to attract young people back to work in the dining room? Surely the solution is a peaceful revolution, like the revolution that took place in kitchens between 1975 and 1980. It might be necessary for new servers to have kitchen experience, to have learned kitchen skills: people who can break the mould in terms of how to serve, how to wait tables, how to explain dishes. They may also need training in restaurant management and languages, although this is a more complex proposition.

Restaurant *Restaurante* Restaurant *Restaurante* Restaurant *Restaurante*

No es posible llevar adelante un buen restaurante sin el personal cualificado de la sala. Lo que sucede es que la labor del camarero también ha cambiado. Ahora, en lugar de trinchar, flambear o emplatar, tiene que saber muy bien cuál es la composición del plato, los ingredientes que lleva o la técnica concreta que le aporta un plus de interés. En definitiva, ha de estar en plena sintonía con la cocina para transmitir al comensal el espíritu del cómo y el porqué de esa preparación. No es verdad que los camareros se hayan convertido en simples portaplatos; por al contrario, ahora más nunca, es imprescindible que sepan mucho de cocina para poder sentir y comunicar la pasión que lleva el plato y hay determinadas nuevas formas de hacer lucir la profesionalidad en el comedor.

¿Qué falta para atraer a los jóvenes hacia la sala? Seguramente una revolución pacífica como la que se llevó a cabo dentro de la cocina en los años 1975-1980. Es posible que los nuevos camareros tengan que ser personas que hayan pasado por la cocina previamente para asimilar esos conocimientos; personas capaces de romper moldes en cuanto a la forma de servir, de atender, de explicar los platos. Y lo que es más complejo: gente con preparación sobre la forma de gestionar un restaurante; además, de estar muy bien preparados en idiomas.

There is no doubt that a great many average restaurants will disappear. Those restaurants with nothing unique to offer and a lack of personality will not survive. The fast-food restaurants will remain perhaps, along with the cheap 'menu of the day' restaurants and the good restaurants, but these will undoubtedly be based on different models from those in use today. In addition, customers will have to pay a reasonable amount when they want to eat at good restaurants, because the costs their owners have to bear are substantial – which is not to say that they have to be expensive.

Finally, to summarise, let me put forward two suggestions. First, that we cook the food we love, but with passion, and second, that we create real fusion with dining room staff, helping them to bring about their own revolution and working together, hand in hand.

Restaurant *Restaurante* Restaurant *Restaurante* Restaurant *Restaurante*

No cabe duda de que van a desaparecer muchos, muchos restaurantes medianos. Aquellos que no tienen nada particular que ofrecer por carecer de una personalidad no sobrevivirán a la criba. Quedarán, quizás, los fast-food, los restaurantes baratitos de menú y los buenos restaurantes, pero seguramente con conceptos y apuestas diferentes a los de hoy. Y se tendrán que pagar facturas respetables cuando se quiera acudir a estos últimos, porque los costos que tienen que soportar sus propietarios son cuantiosos, lo que no quiere decir que sean caros.

Para terminar, a modo de resumen, propongo dos ideas centrales: hagamos la cocina con la que estemos a gusto pero con gusto; y hagamos una verdadera fusión con la gente de la sala, ayudándolos a hacer su revolución y trabajando juntos, mano a mano.

Restaurant *Restaurante* Restaurant *Restaurante* Restaurant *Restaurante*

recipes *recetas* recipes *recetas* recipes *recetas* recipes *recetas* recipes *recetas* recipes *recetas* recipes *recetas* recipes *recetas* recipes *recetas* recipes *recetas*

recipes

TO BEGIN. APPETIZERS

Akelare's 'Freebies'

Ingredients for 4 people · For the tomato flavoured liquid soap: 100g clarified tomato water · 5g Resource · 3 leaves of fresh basil · Salt · Pepper · **For the onion sponge:** 12g wheat flour · 6g ground almonds · 27g milk · Salt · 1g sugar · 14g onion, gently cooked in oil · 3g olive oil · 15g pasteurised egg · **For the Idiazábal moisturiser:** 40g Idiazábal cheese · 100g water · 27g cornflour · **For the bath salts:** 1 sheet obulato (edible paper made from potato starch) · 20g prawn sand (see bottom recipe opposite) · 7g dehydrated shrimp · **For the cava cocktail:** 3g fresh natural pomegranate · 2g reduced pomegranate juice · 100g cava

Method for the tomato flavoured liquid soap: Add the basil to the tomato juice and leave to infuse for 2 hours in the refrigerator. Then remove the basil leaves, season the juice and thicken with Resource. Pour into a bottle. **For the onion sponge:** Mix all the ingredients together in a bowl, then blend, strain and pour into a siphon charged with two capsules. Spray into a plastic cup until half full, cut some diagonal slits in the base and cook in the microwave for 1 minute at 800 watts. Finally, cut it into the shape of a little bath sponge and dry for 20 minutes in the oven at 80°C to keep it crispy. **For the Idiazábal moisturiser:** First, cut the cheese into cubes measuring 1 centimetre approx. Cover the cheese with the water and boil for 10 minutes, then blend it, strain it, add the cornflour and bring back to the boil. Then strain the mixture, pour into the moisturiser tubs and leave to cool. **For the bath salts:** After you have fried the prawn crackers, crush and mix with some dried, crushed shrimp. Place this mixture in an obulato wrapper and seal using a heat sealer. **For the cava cocktail:** Place the three grams of pomegranate into the bottle, followed by the pomegranate juice and the cava, then screw on the lid and refrigerate. **Final touches and presentation** Place a bottle of the tomato and basil liquid soap on a small slate and arrange one of the onion sponges next to it, followed by a tub of Idiazábal moisturiser, served with a small spoon. Place the bath salts in front of the moisturiser and, finally, add the bottle of cava cocktail with a little mouthwash cup on top. **Tasting order:** Tomato liquid soap Onion sponge Bath salts Idiazábal moisturiser Aperitif cava cocktail.

Box of chocolates

Piquillo and olive chessboard

Ingredients for 4 people · For the piquillo dough: 125g flour · 87.5g butter · 37.5g piquillo peppers, puréed · 3g salt · 1.5g sugar · **For the olive dough:** 125g flour · 87.5g butter · 37.5g black olives, puréed · 3g salt · 1.5g sugar

Method Both doughs are made in the same way; all the ingredients are mixed together and then kneaded until well combined. Turn the dough out into terrine moulds and leave to cool. Once hard, cut each dough into strips and then arrange one on top of the other so that the colours alternate. Cut into 0.5cm thick slices and bake at 180°C for 12-15 minutes.

Artichoke polvorón

Ingredients for 4 people · For the fried artichoke: 6 whole artichokes · Oil for frying · **For the *polvorón* (a kind of soft, dense, uncooked shortbread):** 50g maltodextrin · 50g almonds, fried and then ground · 80g sunflower oil

Method for the fried artichoke: Trim the artichokes well, then julienne, fry in the sunflower oil and set aside. **For the *polvorón*:** Blend the fried artichokes, then combine with the remaining ingredients in a bowl. Finally, knead the mixture until it has the consistency of a polvorón dough. **Final touches and presentation** Take 5 grams of the polvorón dough, place it in some onion paper and wrap it up as if it were a sweet.

Black pudding roll

Ingredients · For the black pudding roll: 2 slices tin loaf (10cm wide, 12cm long) · **For the black pudding roll filling:** 200g traditional Beasain onion morcilla · 150g onion, trimmed and julienned · 1 whole egg, beaten (50g) · Oil for frying

Method for the black pudding roll: Half-freeze the tin loaf and, once it is hard but still malleable, slice it using a food slicer. Set the slices aside to defrost, covering to prevent from drying out. The bread should be sliced using the number 1 setting and each slice should measure 10 centimetres wide by 12 centimetres long. **For the black pudding roll filling:** Fry the onions in a pan with some olive oil until well caramelised. Then drain and set aside. Roast the black pudding on a tray. Peel it as soon as it turns golden, then blend with the onion and egg in the Thermomix. Sieve and set aside; once it is cold, remove the excess fat. Spread the resulting black pudding cream onto the bread, then roll it up, applying firm pressure, to create the rolls. Set aside and freeze to ensure that they keep their shape. **Final touches and presentation** Cut a frozen black pudding roll in half and fry in hot oil. Leave to drain on absorbent paper and serve hot.

Zurrukutuna

Ingredients for 4 people · For the *zurrukutuna* cream: 100g bacon · 80g crusts from some zopako bread · 20g choricero pepper flesh · 250g salt cod, flaked · 20g garlic oil · Salt · **For the garlic oil:** 100g olive oil · 4 garlic cloves · **For the crispy 'crackling':** 6 salt cod tripas, trimmed (tripas, literally 'tripe', consist of a fish's swim bladder) · 6 cortezas de trigo (wheat snacks similar to pork scratchings) · **For the presentation:** 1 egg white

Method for the garlic oil: Add some crushed garlic to the oil, heat and then leave to cool. Once you have strained the oil you can use immediately or set aside. **For the zurrukutuna cream:** Fry the bacon in a pan until golden-brown and drain off the oil. Then add the zopako bread and the choricero flesh. When this takes on a light golden colour, add in the salt cod and mix well. Remove from the heat and gradually mix in the garlic oil, using circular movements. Season this pil-pil type sauce, then blend and pour into moulds. Place in the freezer. **For the crispy 'crackling':** Place the salt cod 'tripas' in the oven to dry out. Once they are ready, crush. Also crush the corteza de trigo, then mix it with the salt cod powder in a ratio of 1: 1. Set aside. **Final touches and presentation** Coat the portions of zurrukutuna cream in the crushed 'crackling' and fry. Drain off the oil and arrange in the box.

ARANORI MENU

Prawns and green beans flambéed in orujo

Ingredients for 4 people · For the prawns: 16 gambas blancas (deep-water rose shrimp), fresh and attractive · **For the prawn sand:** 25g prawn heads and shells · 25g rice · 100g water · **For the green bean sauce:** 100g green beans · 10g Resource · 5g virgin olive oil · **For the stones:** 4 volcanic stones · 200g orujo (marc) · **For the presentation:** 3 sprigs of dried thyme · Heartleaf iceplant

Method for the prawns: Peel some well-cleaned prawns, leaving on the heads and the last segment containing the tails. Set aside. **For the prawn sand:** Cook all the ingredients together over a low heat for 25 minutes, then blend, strain and spread over a Silpat baking mat. Dry in the oven at 60°C for 1 hour. Take the resulting prawn cracker and puff it up by frying in some very hot oil. Then break it into pieces and crush until it has the texture of sand. Set aside. **For the green bean sauce:** Sear the green beans well on both sides in a non-stick pan or on a flat top grill, then liquidise. Strain the resulting liquid and thicken with the oil and Resource. Set aside. **Preparing the stones:** Place the stones in a container, cover with the alcohol and leave to soak. Use a peeler to create some very thin strips of green bean, then blanch these in boiling water and leave to cool. Roll up and set aside. **Final touches and presentation** Drain the stones, place them in a cast iron saucepan and top with the bean spirals. Arrange the prawns on top of the beans and insert the sprigs of thyme into the spaces between the stones. Spoon some prawn sand onto a separate plate and top with some of the warm green bean sauce. Place the little green bean spirals and some leaves of heartleaf iceplant alongside. When the waiter arrives at the table, he should ignite the stones in the saucepan in front of the diner, keeping the lid a couple of centimetres above the pot so that the flames begin to cook the prawns and heat the green beans. Once the prawns have turned white, the waiter should put out the flames using the lid. The saucepan is then left with the lid on for 1 or 2 minutes, to heat the prawns fully. The lid is then removed and tongs are used to place the prawns onto the plate alongside the rest of the accompaniments. As diners are encouraged to eat the prawns with their hands, we also provide a napkin dampened with ginger water.

Shellfish in a fisherman's net

Ingredients for 4 people · **For the net:** 50g cooked rice · 25g little brown shrimp from Cadiz · 10g sea lettuce · **To place in the net:** 4 borage flowers · 8 fronds of algae · **For the creamed rice:** 20g onion · 2g garlic · 50g rice · 100g water · 200g shellfish water · **For the borage cream:** 25g borage leaves · 50g water · 2g Resource · **For the borage stalks:** 2 borage stalks · **For the shellfish:** 4 oysters · 4 razor clams · 8 goose barnacles · 4 variegated scallops · 8 cockles · 8 Mediterranean mussels

Method for the net: Blend and strain the cooked rice. Transfer to a piping bag and, using a very small nozzle, pipe the mixture onto a Silpat baking mat in the shape of some fishing nets. Press the brown shrimp and the sea lettuce onto these nets. Then dry in the dehydrator at 50°C for 5 hours. Just before serving, fry in hot oil and scatter the borage flowers and fronds of algae on top. **For the creamed rice:** Lightly fry the *brunoised* onion and garlic, add in the rice and the water, and cook in the oven at 250°C, or on the hob, for 13 minutes. Blend in the Thermomix together with the shellfish water. Set aside. **For the borage cream:** Once the borage leaves have been blanched, blend cold in the Thermomix and then season. The blended leaves should then be strained and the resulting liquid thickened with Resource. **For the borage stalks:** Cook the borage stalks in the steam cooker at 119°C for 24 seconds. Remove, trim and sear on a flat top grill. Spread the borage cream onto the base of a plate, cover with the creamed rice and top with the oyster, which should be seared on a flat top grill prior to serving. Then open the shellfish on a charcoal grill, remove them from their shells and arrange on the creamed rice next to the borage stalks. Finally, cover everything with the fisherman's net.

Carpaccio of pasta, piquillo and Ibérico ham, with mushrooms and parmesan

Ingredients for 4 people · **For the *carpaccio*:** 100g fresh, natural pasta dough, rested · 50g paper made from piquillo peppers · **For the Ibérico ham flavour:** 10g Ibérico ham fat · **For the mushrooms:** A selection of small seasonal mushrooms · **For the parmesan:** 4 parmesan shavings · **For the presentation:** Fresh rocket · Fresh truffle

Method for the *carpaccio*: Use a rolling pin or pasta machine to stretch out the pasta dough. When it is as thin as the number 2 setting on your machine, place some sheets of piquillo paper between two sheets of pasta. Stretch this 'sandwich' through the machine again until it is as thin as the smallest setting. The piquillo paper will now have become part of the pasta dough. Set aside. **For the Ibérico ham fat:** Set aside a little of the fat left over after cooking some Ibérico pancetta. **For the mushrooms:** After selecting and cleaning your various mushrooms, sauté and set aside until it's time to plate up. **For the parmesan shavings:** Make your parmesan shavings or flakes with the help of a peeler. Set aside. **Final touches and presentation** Put a pot of Ibérico stock on to boil. Cook the piquillo pasta in it for approximately 1 minute, then remove immediately. Arrange your sautéed mushrooms, the parmesan shavings and some thin slices of fresh truffle on top of the pasta, and finish off with some wild rocket shoots.

Salt cod callos

Ingredients for 4 people · **For the salt cod:** 120g salt cod, desalted · **For the salt cod *callos*:** 200g salt cod *callos*, desalted (callos, literally 'tripe', consists of a fish's swim bladder) · **For the salt cod cream (faux veal tripe):** 1 garlic clove · 170g salt cod trimmings · 170g trimmings from the salt cod *callos* · 500g water · 45g vegetable gelatine (for each 900g salt cod cream) · **For the salt cod oil:** 1l olive oil · 200g salt cod (do not desalt) · **For the *callos* sauce:** 500g clarified tomato water · 150g garlic oil · 2 cloves · 1 bay leaf · 10g whole black peppercorns · 25g Resource · **For the garnish:** Hot paprika and sweet paprika · Tomato powder

Method for the salt cod: After you have cut the bacalao, or salt cod, into portions, reserve the trimmings. **For the salt cod *callos*:** Cook the salt cod *callos* and leave to boil for 5 minutes. Then remove from the heat and leave to cool in their cooking water. Trim, slice and set aside. Transfer the *callos* you're going to use to a saucepan and add a little salt cod oil and *callos* stock. **For the salt cod cream (faux veal tripe):** Sear the garlic and, once it turns a golden colour, add in the pieces of salt cod and *callos*. Leave to cook, then pour in the *callos* cooking water and leave a while longer. When ready, blend and strain. Then add in the vegetable gelatine and bring to the boil. Pour the resulting salt cod cream onto a tray with the ridged texture of veal tripe. Place in the refrigerator and, as soon as it has set, slice and reserve. **For the salt cod oil:** Remove any excess salt from the salt cod and drain thoroughly. Heat with the olive oil, then blend and strain. This oil will be used both to coat the salt cod *callos*, and to brush onto the plate so that the faux veal tripe don't stick to it when heated. **For the *callos* sauce:** Mix together the tomato water, the garlic oil and the spices: the cloves, bay and pepper. Leave to infuse and, once flavoured, strain and add some sautéed garlic. Thicken with Resource and set aside until it is time to serve. **Final touches and presentation** Just before serving, sear the fish in a hot pan with a little of the salt cod oil; plate it up as soon as it's done. Brush the plate with a little of the salt cod oil and arrange the faux veal tripe on top. Heat the plate to warm them up. Pour some of the flavoured *callos* emulsion onto the plate, arrange the *callos* on top and finish off with the salt cod. Sprinkle a little of the paprika and tomato powder mixture onto the rim of the plate.

Whole-grain red mullet with three-sauce 'fusilli'

Ingredients for 4 people · 4 red mullet, weighing 170g each · **For the bone praline:** The trimmed heads, bones and fins of 4 red mullet · 200g olive oil · **For the liver paste:** 4 red mullet livers · 30g onion, very finely chopped · 40g olive oil · **For the fusilli:** ½l water · 50g vegetable gelatine · Corkscrew shafts · **For the garlic sauce:** 2 garlic cloves · 20g olive oil · 40g milk · 10g Resource · **For the parsley sauce:** 30g parsley, washed · 100g water · 6g Resource · **For the soy sauce:** 25g soy sauce · 10g water · 8g Resource · **For the garnish:** Chive flowers

Method for the bone praline: Trim and wash the red mullet heads (removing the eyes and gills) and the bones and fins. Once these are dry, fry in some hot oil and, when they have taken on a golden colour, remove and blend. Once everything has been blended, cover with a little olive oil and set aside. **For the liver paste:** Rinse the trimmed livers under the tap and then sear on a flat top grill until coloured. Transfer immediately to a mortar and crush together with a few drops of oil. Meanwhile, dice the onion finely and fry in hot oil. When it turns a golden colour, remove and spread onto some absorbent paper to dry. Finally, mix with the crushed liver and set aside. **For the fusilli:** Dissolve the gelatine in water on the hob. When it comes to the boil, immerse the corkscrews in a container of very cold water, then dip into this gelatine mixture, then return to the cold water again. Unscrew the corkscrews and set the 'fusilli' aside. Repeat until you have enough fusilli for four people (six per person, two of each flavour). These then need to be filled with the various sauces. So, using a syringe, inject the sauces into the individual fusilli. It is important that the purées are well strained, to ensure that the holes do not become blocked. **For the garlic sauce:** Fry the thinly-sliced garlic in the oil until golden. Then drain and use to infuse the milk. As soon as the milk has taken on the garlic flavour, strain and set aside. Thicken with Resource. **For the parsley sauce:** Blanch the parsley in boiling water and then refresh in cold water. Once it has been well drained add a little water, then blend and strain. Thicken with Resource. **For the soy sauce:** Mix the water with the soy sauce and then, as with the others, thicken with Resource. **Final touches and presentation** Sear the fillets of red mullet skin-side up in a non-stick pan, then brush the skin with the bone praline and finish off under the salamander. Plate up two warm fusilli of each flavour and garnish with some miniquenelles of the liver and onion paste. Arrange the fish in the centre of the plate and top with some chive flowers.

Charcoal grilled lamb with wine sediment

Ingredients for 4 people · 1 loin of lamb, weighing 800g, fat trimmed · **For the sediment: Crunch:** 100g venere rice · 1l water · Oil · **For the wine crystals:** 750g red wine · 75g sugar · **For the uncooked red wine sauce:** 500g red wine · 10g rosemary · 5g thyme · 50g currants · Resource · **For the matcha tea strands:** 100g *isomalt* · 10g freeze-dried raspberries · 4 redcurrants · 10g powdered matcha tea · **For the presentation:** Traditional lamb gravy

Method for the sediment: Crunch: First cook the rice in water for 1 hour, then blend, strain and spread out onto a tray. Bake in the oven at 60°C for 3 hours. When is has become a dry sheet, fry in hot olive oil until it puffs up. Then drain immediately on some absorbent paper. Finally, chop very finely with a knife and set aside. **For the wine crystals:** Reduce the volume of the wine to 100 grams and, when cold, add to the sugar and leave in the dehydrator for a whole day at 40°C. Set aside. **For the uncooked red wine sauce:** Infuse the wine well with the rosemary, thyme and currants and, after 24 hours, remove the herbs. Blend the wine and currants together, then strain and add Resource to obtain the desired consistency. **For the matcha tea strands:** Drizzle some thin strands of melted *isomalt* onto some greaseproof paper. Then cut this spun sugar into rectangles and add the freeze-dried red fruits. Roll up into a cylinder shape and sprinkle with the powdered matcha tea. **Final touches and presentation** Sear the loin on a charcoal grill. Place a teardrop of the wine sauce onto a plate, then arrange the loin to one side and the caramelised sugar cylinder with the matcha tea to the other. Serve the 'sediment', made from the wine crunch and the sugar crystals, from a melted bottle. Serve the traditional lamb gravy separately in a jug.

Roast pigeon with a hint of mole and cocoa

Ingredients for 4 people · **For the pigeon:** 1 pigeon, weighing 250-300g approx. · **For the mole:** 500g chicken stock · 250g tomato pulp, roasted and puréed · 20g garlic, roasted and puréed · 50g toasted almond praline · 10g cocoa powder · 10g cocoa nibs · 15g peanut praline ·

30g María biscuit (a plain, sweet biscuit similar to a Rich Tea) · 30g black chocolate · 2g powdered guindilla chillis · 4g chipotle chillis, dried and crushed · 3g ancho chillis, dried and crushed · 20g choricero pepper flesh · 1l chicken stock · **For the pigeon *carnitas* taco:** 1 sheet filo pastry · 30g squab pigeon leg, finely diced and stewed · 5g cornflour · 200g pigeon glaze · Fresh aromatic herbs · **For the garnish:** Cocoa powder

Method for the pigeon: Trim the pigeon, keeping the skin and the legs. Cook the skin in salted water for approximately 2 hours over a medium heat. Once well-cooked, drain and blend, sieve through a chinoise and use the resulting mixture to coat the seasoned pigeon breast. Set aside. After you have fried the legs, stew them in their own juices, together with the onions, until tender. Once the legs are done, flake and add to the cooking stock together with a little cornflour, to make the filling for the filo pastry. Spread immediately onto a tray and leave to set. **For the mole:** Heat a large saucepan; this will be used to cook each and every one of the ingredients for the mole. Start with the dry ingredients, then add in the rest. First, sear the garlic and onions well, then add in the almonds, chillis, cocoa powder, cocoa nibs, peanut praline, biscuits, etc. As soon as all the ingredients are cooked, blend and leave to rest. To finish off your mole, take some of this mole base and gradually add chicken stock until it has the desired consistency, then add chocolate to taste. **For the pigeon *carnitas* taco:** The mole is served alongside the pigeon legs, which are divided into rectangular portions and wrapped in the filo pastry. Set aside. **Final touches and presentation** Sear the pigeon and the pigeon *carnitas* taco in a frying pan. Decorate the plate using a little cocoa powder and a stencil. Place a few drops of mole and some sesame seeds onto the plate, along with the *carnitas* taco. Then slice the pigeon in half and arrange on the plate. Garnish the pigeon taco with a few aromatic herbs and flowers.

Xaxu with iced coconut mousse

Ingredients for 4 people · For the *xaxu* (a traditional almond confection with an egg-yolk filling): 35g raw almond praline · 35g toasted almond praline · 135g pasteurised egg yolk · 25g sugar · Olive oil for frying · **For the iced coconut mousse:** 500g sheep's milk · 5g Sucro · 150g soluble coconut powder · 10g Resource

Method for the *xaxu*: First whisk the ingredients together, then freeze in hemispherical moulds. Once frozen, join the hemispheres together to make little *xaxu* balls. Dip these balls in olive oil heated to 160°C and fry until they have just formed an outer crust. Once fried, allow them to defrost on the inside. **For the iced coconut mousse:** Combine all the ingredients in a bowl and whisk in an electric mixer. Then pour into a siphon and spray into a vacuum tray. This tray, which has a special lid, allows you to create a vacuum inside, thus further increasing the volume of the mousse. Once the mousse has expanded, stop the vacuum and freeze immediately. **Final touches and presentation** Once the *xaxu* is slightly warm, place it in the middle of the plate. Place a chunk of the coconut mousse (cut directly from the tray just before serving) on either side. Remember that it will lose its shape very quickly. The density and sweetness of the *xaxu* is complemented by the lightness and freshness of this ethereal and intensely-flavoured mousse.

A different apple tart

Ingredients · For the apple paper: 160g cooked Granny Smith apples · 16g sugar · **To affix the Akelaŕe 'screenprint':** 1 sheet of printed cocoa paper · 10g cocoa butter · **For the caramelised puff pastry:** 100g puff pastry · 30g sugar · **For the apple crème pâtissière:** 500g clarified Granny Smith apple juice · 54g cornflour · 100g sugar · 85g egg yolk · **For the puff pastry praline:** 100g caramelised puff pastry · 10g clarified butter · **For the linseed and cider sauce: Cooked seeds:** 10g brown linseeds · 100g water · **Cider reduction:** 200g cider · 50g sugar · 10g water · 10g Resource · **For the presentation:** Tagète flower

Method for the apple sheet: Cook the sliced apple with the sugar in the steam cooker at 100°C for 12 minutes. Drain well and blend, then sieve and spread out onto a Silpat baking mat. Finally, leave to dry for 24 hours at 30°C. When dry, coat with a little melted cocoa butter. Place the Akelaŕe 'screenprint' on top, pressing with a rolling pin to ensure that it adheres properly, and then set aside. **For the caramelised puff pastry:** The puff pastry, together with the sugar, should be baked at 180°C and for about 15-20 minutes; cook it between two baking sheets to ensure that it doesn't rise. Slice and set aside. **For the apple crème pâtissière:** Heat the apple juice together with the sugar, and, in a separate bowl, mix the cornflour with the egg yolks. When the juice comes to the boil add in the egg yolk and cornflour mixture, combine well and stir over the heat until it has the desired texture. **For the puff pastry praline:** Add the melted, clarified butter to the puff pastry trimmings, then blend and set aside. **For the linseed and cider sauce: Cooked seeds:** When the water starts to boil, add in the linseeds and cook for 20 minutes over a medium heat. Leave to cool and then rinse. Set aside. **Cider reduction:** Make a caramel with water and sugar and, once it is a light golden colour, deglaze with the cider and thicken with Resource. Set aside. **Final touches and presentation** Place a dot of the apple crème pâtissière on the plate to keep the first slice of puff pastry in place. Spread a layer of apple crème pâtissière on top of the pastry, add another slice of puff pastry and top with a final layer of the crème pâtissière. Cover with two sheets of the Akelaŕe apple paper and finish off with some of the linseed and cider sauce and a few dots of the puff pastry praline. Garnish with a tagète flower, to add a touch of acidity.

BEKARKI MENU

Txangurro in essence on coral blini with gurullos

Ingredients for 4 people · For the txangurro (brown crab): 1 brown crab, weighing 1.2 kg · **For the broth:** 200g txangurro legs · 200g txangurro shell · 400g water · 100g txangurro blood · Resource · Salt · **For the blini:** 255g txangurro coral, blended · 50g flour · 1g Royal baking powder · 20g egg yolk · Txangurro eggs · Salt · 30g egg white, three-quarters beaten · **For the *gurullos* (pasta shaped like rice):** 25g *gurullos* or *risoni* · 10g txangurro coral, cooked · 1g diced chives · 10g txangurro stock · **For the garnish:** 2 nasturtium flowers · 12 nasturtium stems

Method for the txangurro: Place the txangurro in the blast chiller, then shell it, setting the claws aside. **For the broth:** Heat the cold water together with the crab shell and crab legs, leave to boil for 5 minutes, then strain immediately and add in the blood. Return to the heat and simmer for a further 5 minutes to clarify. Thicken with Resource, season with salt and set aside. **For the blinis:** Once all the ingredients have been combined, the mixture should be strained and the beaten egg whites added. Cook the blini batter in a pan with the help of some flan rings; when they are set on one side, remove the rings and cook on the other. Remove from the heat and set aside. **For the *gurullos*:** Dry out the coral in a frying pan over a low heat. Once it is hard, crush and sauté with a little oil. Then add in the cooked *gurullos*, the chives and the stock, leave to heat and set aside. **Final touches and presentation** First, sear the txangurro claw in a pan with a little oil and cook the blinis in the steam cooker at 90°C for 3 minutes. Place a little of the txangurro broth in the bottom of a plate and arrange a blini on top, followed by the claw, which should be cooked until golden in a non-stick pan just before serving. Arrange the nasturtium stems and flowers on the plate. Serve the sautéed *gurullos* to one side, with a little of the flaked txangurro meat.

Razor clam with veal shank

Ingredients · For the veal shank: 1 leg of veal · 1 onion · 2 carrots · 1 leek · 10 black peppercorns · 10g roast chicken stock · **For the razor clams:** 4 razor clams · **For the garnish:** 80g fresh cauliflower mushrooms · 8 sprigs of borage cress or *shiso* · 200ml roast chicken juices

Method for the veal shank: Cook the shank in water together with the vegetables for 6-8 hours. Then bone and remove the skin and meat. Keep the tendons of the shank only and trim so that they are the same size as the razor clams. **For the razor clams:** Place the razor clams in heat-shrink bags and blanch in water for one minute. Leave the bags in cold water and then set the razor clams aside. **Final touches and presentation** After you have seared the tendon in a pan, deglaze with the chicken stock, allowing to caramelise. Meanwhile, sear the razor clam and the mushrooms on a flat top grill. Arrange the tendon lengthways on a rectangular plate, with the razor clam parallel. Place the mushrooms between the two and drizzle with the chicken stock. Garnish with the herbs. **Note** This recipe uses three ingredients: a meat, a shellfish and a mushroom. The veal and the razor clam may look very similar, but their textures and flavours are very different on the palate. This recipe is brought together by a unique mushroom, Sparassis Crispa, which acts as a receptacle for the sauce and adds a crispy texture to the dish.

Fresh, sautéed foie gras with 'salt flakes and peppercorns'

Ingredients for 4 people · For the foie gras: 4 slices of fresh foie gras, weighing 80g each · Salt · **For the peppercorns:** 85g black venere rice flour · 25g tempura flour · 120g cold water · 5g salt · Ground black pepper · Olive oil · **For the salt flakes:** 50g lactitol · 20g cornflour · Maldon salt · **For the sweet wine sauce:** 250g fresh sweet white wine · 1g xanthan gum

Method for the foie gras: Season the uncooked foie gras and set aside. **For the peppercorns:** Once you have mixed all the ingredients together, pour them into a squeeze bottle and squeeze a few drops into some liquid nitrogen. Strain using a colander and fry immediately in olive oil at 180°C before they lose their round shape. Remove and transfer onto some absorbent paper. **For the salt flakes:** Place the lactitol in a container and heat to 150°C. Spread the resulting caramel between two sheets and, once cold, sprinkle with some cornflour. Set aside. **For the sweet wine**

sauce: Thicken the uncooked wine by mixing with xanthan gum in an electric mixer, then extract any air using a vacuum machine and leave to rest. **Final touches and presentation** Colour the foie gras on both sides in a hot, dry pan. Once it is done, transfer to the plate and drizzle the wine sauce around it. The salt crystals (lactitol caramel) and peppercorns (venere rice flour) should be served in a separate dish. The waiter should season the foie gras in front of the diner with so much salt and pepper that they think: "They've ruined the whole dish!" Only afterwards should they explain what's really going on.

Fried egg with baby peas and baby garden vegetables

Ingredients for 4 people · For the fried egg: 4 eggs · 100g rice flour · 500g olive oil · **For the *guisantes lágrima* (baby peas native to the Basque coast):** 100g *guisantes lágrima* · 50g juice from the pea pods · 5g Resource · Salt · **For the tempura:** 100g prepared tempura batter · 500g olive oil · **For the baby vegetables:** 4 baby carrots · 4 baby turnips · 4 baby leeks · 4 baby spring onions · Flour

Method for the fried egg: Cook the egg in its shell for 25 minutes at 65°C. Once it has cooled, set aside. Just before serving, coat it in the rice flour and fry in enough olive oil to completely cover it. **For the *guisantes lágrima*:** Sauté the baby peas lightly in a little oil and salt. Thicken the juice from the cooked pea pods with the Resource and set aside. **For the tempura:** Keep the tempura batter in a cool place until needed. **For the baby vegetables:** Holding the baby vegetables by their leaves, coat in a little flour and dip into the tempura batter. Their leaves should remain un-battered. Fry with the help of a pair of tongs. **Final touches and presentation** Place one spoonful of the thickened pea juice in the bottom of a shallow dish, sit the fried egg on top and arrange the vegetable tempura and the sautéed baby peas alongside.

Turbot with its kokotxa

Ingredients for 4 people · For the turbot: 1 turbot weighing 1.2kg · Transglutaminase · **For the *kokotxas* (*kokotxas* are a meaty cut found in the underside of the head of some fish):** 200g very thick turbot stock · 25g kudzu · 15g sautéed garlic oil · Silver food colouring and black powder made from a pepper meringue · **For the turbot *pil-pil*:** 50g olive oil · 50g sunflower oil · 25g water · 1 garlic clove · 10g Resource · **For the garnish:** Parsley powder · The turbot's lateral bones and those found in its tail · **For the turbot stock:** 200g turbot head and trimmings · 75g *brunoised* onion · 25g white wine · 300g water · **For the sautéed garlic:** 15g sunflower oil · 5g garlic, thinly sliced · **For the *ajilimójilis*:** 500g oil · 2g whole black peppercorns · 40g white wine · Aromatic herbs · Garlic · Salt

Method for the turbot: Trim the lateral bones, bone the turbot and remove the fillets. As soon as you have done this, sprinkle the inside of the fillets with the transglutaminase, press together and leave to set for a minimum of 6 hours to ensure that they adhere well. **For the *kokotxas*:** Bring the stock to boil together with the turbot trimmings (the head, etc.), the kudzu and the cooled oil, cook for 3 minutes and then pour out onto a tray sprinkled with the silver and black powders. Leave to cool and then cut using a *kokotxa*-shaped mould. **For the turbot *pil-pil*:** Lightly colour the garlic in the oil and add the bones and water. After you have left the mixture to confit for 45 minutes, strain and thicken with Resource. **For the garnish:** Place the parsley leaves in the oven for 15 minutes at 150°C and, once they have dried out, grind in a coffee grinder, sift and reserve the resulting powder. Spread the lateral bones and tail bones between two Silpat baking mats and dry in the oven at 60°C for approximately an hour and a half. Then chop up the resulting sheet and fry the pieces in very hot oil (240°C) so that they puff up like pork crackling. **For the turbot stock:** Colour the turbot trimmings on a flat top grill, add to the lightly-fried onion and gently fry the mixture together. Pour in the white wine and leave to reduce, then add some water and leave to cook for 40-50 minutes. Strain and set aside. **For the sautéed garlic:** Sauté the garlic and strain, keeping the oil. **For the *ajilimójilis*:** Seal all the ingredients in a bottle and leave to macerate. **Final touches and presentation** Cook the turbot on a flat top grill until golden on both sides, then confit at 70°C for 8-10 minutes in the virgin olive oil used to sauté the garlic. Drain, add the *ajilimójilis,* then finish off under the salamander. Heat the *kokotxa* together with a little of the turbot stock in the steam cooker for 30 seconds at 90°C, or under the salamander. Spoon a thick line of *pil-pil* onto a plate, place the faux *kokotxa* on top and add a streak of the parsley powder. Arrange the turbot on the other side of the plate, balancing a piece of the turbot 'crackling' between it and the *kokotxa*.

Roast suckling pig with tomato bolao and Ibérico emulsion

Ingredients for 4 people · 4 cuts of suckling pig, weighing 150g each · **For the stock:** 250g cured Ibérico pancetta · 1.5l water · **For the glaze:** One egg white · 100g icing sugar · **For the tomato *bolao*:** 50g tomato powder · 250g sugar · 100g water · **For the Ibérico emulsion:** 25g fat from the stock · 100g stock · 15g Resource · **For the garnish:** 2 yellow cherry tomatoes · 2 red cherry tomatoes · 12 spring onions or young garlic

Method for the stock: Cut the pancetta into cubes and fry gently in a saucepan until transparent. Pour in the water and cook gently for one hour. Blend the mixture and strain. Heat the stock until it reaches a gentle simmer and then add in the seasoned suckling pig (25 minutes for the rack and 30 minutes for the legs). Remove from the heat and leave in the stock until needed. **For the glaze:** Combine the sugar with the egg white until completely mixed (use just 30 grams). **For the tomato *bolao*:** Heat the water and sugar together to 140°C, then add in the glaze and mix. As soon as it has thickened, pour into a deep rectangular mould and cook in the oven at 150°C for 1 or 2 minutes. Once it has cooled, cut into irregular chunks and sprinkle with the tomato powder. **For the Ibérico emulsion:** Remove the fat from the cold stock. Then bring to a gentle boil and skim to clarify. Strain and, on the following day, thicken with Resource. Finally, cook the pieces of suckling pig in the oven, skin-side up, for 25 minutes at 180°C. Make sure the skin is nice and crispy! **Final touches and presentation** Sauté the spring onions or garlic. Then peel the tomatoes, cut into segments and discard the seeds. Heat for a few seconds under the salamander with a few drops of virgin olive oil. Just before serving, place the young garlic in the centre of a plate, the two *bolao* to one side and the fresh tomatoes to the other. Then drizzle over three spoonfuls of the emulsion and place the boned suckling pig in the middle, with a little of the stock.

Roast loin of hare á la royale with chestnuts

Ingredients for 4 people · **For the roast hare:** 2 loin of hare, trimmed · **For the *royale* tiramisu:** *Royale:* 2 hare thighs · The blood from one hare · 100g red wine · 100g onion · 100g leek · 100g carrot · 1l hare stock · 50g traditional bread dough · **Sponge:** 80g egg · 80g lactitol · 60g milk · 75g olive oil · 80g flour · 1g yeast · 30g ground almonds · **For the foie gras:** 100g sieved micuit foie gras · 5g cocoa powder · **For the chestnut purée:** 100g cooked chestnuts · 50g milk · **For the fried chestnut:** 3 chestnuts · Olive oil

Method for the *royale*: Make a mirepoix from the vegetables and then immediately add in the hare thighs wrapped in crépine (caul fat) with a little pork fat. Pour in the red wine, leave to reduce and then add in the stock. Cover with the lid and use the bread dough to seal the gap between the lid and the pot. Then cook in the oven for 6 hours at 110°C. After 6 hours, bone and flake the thighs, stripping off the meat and placing the bones and skin to one side. Return the meat to the heat with the stock, thicken with the blood and set aside. **For the sponge:** Once you have whisked the eggs and the lactitol together, you can begin folding in the rest of the ingredients. Bake at 150°C for 17 minutes. **To construct the tiramisu:** Spread the hare *royale* onto the sponge, then top with the foie gras micuit, which should have the consistency of a thick cream. Once cold, use a confectionery comb to create some ridges on the top of the 'tiramisu'. Dust with cocoa and set aside. **For the chestnut purée:** Blend the chestnuts together with the milk until you have a thin sauce, then strain and reserve. **For the fried chestnuts:** Peel the chestnuts, slice very finely and, finally, fry in olive oil. Set aside. **Final touches and presentation** The hare loins should be seared on both sides in a hot pan before being roasted; they are ready when brown on the outside but red in the middle. Plate the tiramisu up on one side of the dish, with the roast loin opposite. Glue the slices of fried chestnut together using the chestnut purée, arrange them on the plate and finish off with a drizzle of the hare stock.

Milk and grape, cheese and wine in a parallel evolution

Ingredients for 4 people · **Step one** · **For the milk:** · 1kg sheep's milk · 7g kappa-carrageenan · **For the sauce:** 6g vine leaves · 6g blanched spinach · 7g Resource · 15g sugar · 125g water · **To accompany:** 20g grated walnut · **Step two** · **For the cream:** 5g chives, finely diced · 20g powdered cream · **For the grape:** 10g grapes · **To accompany:** 4 chives · TPT syrup · **Step three** · **For the cream cheese:** 125g quark cheese · 0.5g pink pepper · 0.5g nutmeg · 3g salt · **For the grape must:** 100g white grape must · 12g tapioca · **To accompany:** 50g tomatoes, peeled and deseeded · 50g water · 50g sugar · **Step four** · **For the semi-hard cheese:** 10g Idiazábal cheese, thinly sliced · 10g quince, thinly sliced · **For the wine:** 500g red wine · 150g icing sugar · **Step five** · **For the hard cheese:** 40g Torta del Casar cheese · **For the fortified wine:** 50g Pedro Ximénez sherry · 50g water · 10g vegetable gelatine · **To accompany:** 20g raisins · 40g Pedro Ximénez sherry · **Step six** · **For the blue cheese:** 500g milk · 4g salt · 175g gorgonzola cheese · 7g Resource · 5g stabilizer · 5g sugar · **For the brandy:** 80g sugar · 50g brandy · **To accompany:** Two slices of black bread · Honey water · 10g butter · 10g icing sugar

Method Step one For the milk: Mix the kappa-carrageenan with the cold milk, then heat to around 80°C. Spread onto a tray to a depth of about 2 centimetres. Once it has set, slice into rectangles measuring 3 centimetres x 2 centimetres, make some little dimples in the surface, and set aside. **For the sauce:** Blanch the leaves, then cool in ice to preserve their green colour. Blend all the ingredients together with the water for 4 minutes, then strain. Thicken the resulting liquid with Resource, sweeten with the sugar and blend in the Thermomix until you have a smooth, glossy sauce. **Step two For the cream:** Dice the chives finely, add the powdered cream, mix well and reserve. **For the grape:** Peel the grapes, cut into small pieces and set aside. **To accompany:** Place the trimmed chives in a dish. Make a syrup using equal parts sugar and water and, when lukewarm, add to the chives. Before plating up, remove the chives from the syrup, drain a little and then roast in the oven at 150°C for 3 minutes. Set aside. **Step three For the cream cheese:** This 'cream cheese' is made by mixing the cheese with the pink pepper, nutmeg and salt. Set aside. **For the grape must:** Bring the grape must to the boil and, when hot, mix in the tapioca. The tapioca should be cooked until completely transparent, then drained and set aside. **To accompany:** While you are making the syrup, peel and deseed the tomatoes, place in a saucepan and cook until you have a kind of marmalade. **Step four For the semi-hard cheese:** Cut the thin slices of cheese into 3cm squares. Do the same with the quince and place one on top of the other to make a little tower. Set aside. **For the wine:** Reduce the wine to ¼ of its initial volume, strain onto a tray and add the icing sugar. Place in the dehydrator to remove any remaining moisture and, once dry, crush and reserve. **Step five For the hard cheese:** Shape the Torta del Casar cheese into 10 gram balls and place in the refrigerator. **For the fortified wine:** The Pedro Ximénez gelatine is made by mixing all the ingredients together while they are cold. The mixture is then brought to the boil and used to coat the little cheese balls. Set aside. **To accompany:** Soak the little raisins in Pedro Ximénez and leave to macerate for a day. Then drain and dip in a little sugar. **Step six For the blue cheese:** Place all the ice-cream ingredients into a Thermomix, mix well and, when ready, strain. Leave to marinate for 12 hours, then churn and serve. **For the brandy:** Place all the ingredients into a hot saucepan, then bring to the boil and allow to reduce for 5 minutes. Remove from the heat and set aside. **To accompany:** Cut the bread into 3 centimetre squares, brush with some honey water and a little butter and sprinkle with icing sugar. Then bake in the oven for 10 minutes at 180°C and set aside. **Final touches and presentation** From left to right: Cheese with a green leaf sauce and some nutmeg, made to look like a domino. Chives and cream topped with little pieces of fresh grape and caramelized chive. 'Cream cheese' topped with a drop of grape must and some tomato marmalade. Idiazábal with quince and a streak of wine powder. Torta del Casar coated in Pedro Ximénez gelatine on candied raisins marinated in fortified wine. Gorgonzola ice-cream on brandy reduction and black multigrain bread.

Citrus shell with chocolate shavings

Ingredients for 4 people · For the shell: 3g isinglass · 17g water · 300g xylitol · 3g lemon juice · 1 drop lemongrass essence · **To glue the shell together:** 100g xylitol · 15g egg white · **For the shell coating:** 1 tbsp edible gold powder · 1 tbsp edible copper powder · **For the filling:** 500g lemon juice · 500g TPT syrup · 220g egg yolk · **For the rice tile:** 100g rice · 400g water · 50g sugar · ½ vanilla pod · 1 stick of cinnamon · 2g lemon peel · 20g icing sugar · 20g cocoa · **For the chocolate caramel:** 500g sugar · 500g glucose · 150g water · 450g cocoa mass · **For the chocolate candyfloss:** Anti-moisture silica gel · **For the chocolate ice-cream:** 265g milk · 10g cream · 30g sugar · 150g 71% chocolate · 1.5g ice-cream stabiliser · 8.5g powdered milk

Method for the shell: After soaking the isinglass in cold water, drain well, melt in the water and add to the xylitol. Add in the lemon juice and the lemongrass essence, work the mixture until uniform, and then set aside, covering completely with cling film. Using a pasta machine, stretch the mixture out until it is very thin and then sprinkle with the xylitol. Use it to line the inside of the moulds and remove the excess dough. Once you have removed it from the moulds, leave to dry at room temperature for 8 hours. Make a hole in the base of the shell to enable you to insert the filling later. **To glue the shell together:** As soon as you have added the xylitol to the egg white, brush this mixture onto the edges of the shell halves and glue together. Leave to dry for a further 8 hours. **For the shell coating:** Apply the copper powder first, followed by the gold. **For the filling:** Mix the lemon juice with the syrup and reduce by half. Add in the egg yolk and cook at 80°C until it has the consistency of a thick cream. Once it has cooled, set aside. **For the rice tile:** When all the ingredients have been cooked for 20 minutes, remove the stick of cinnamon, blend the rest in the Thermomix, strain and spread out. Leave to dry at 60°C for a day. Then puff up the resulting sheet by frying in hot oil; sprinkle the icing sugar and cocoa on top. **For the chocolate caramel:** Make a caramel from all the ingredients, spread onto a silicone mat, leave to harden and then crush. **For the chocolate candyfloss:** To make the candyfloss, simply add the chocolate caramel to a candyfloss maker. Then leave in a dry place with the silica gel, which will draw away moisture. **For the chocolate ice-cream:** Once the milk and cream have been mixed thoroughly with the sugar and then heated to 80°C, add in the stabilisers and the powdered cream and pour over the chocolate chunks. Mix the chocolate in well, then freeze and churn. **Final touches and presentation** Place a couple of spoonfuls of chocolate candyfloss on the base of the plate and top with the cocoa-dusted rice crisps. Fill the shell with the lemon cream at the last minute. Finish off with a quenelle of the chocolate ice-cream.

OTHER DISHES

Shrimp and prawns in a shell powder, with tomato meringue and rocket

Ingredients for 4 people · 8 prawns · 12 shrimp · **For the sauce:** 50g of the juice from the prawn and shrimp heads · 50g water · **For the coating:** The raw prawn and shrimp heads and shells · **For the tomato water:** ½kg ripe tomatoes · **For the tomato meringue:** 250g tomato water · 25g powdered egg white · **For the rocket sauce:** 100g rocket · 2g Resource · 25g white sesame seeds, soaked for 1 day · **For the presentation:** 12 rocket leaves

Method for the sauce: In order to extract the juices from the prawn and shrimp heads you will need to squeeze them well. Mix these juices with water, strain, and then thicken for 10 seconds over heat. Once thickened, blend, strain and set aside. **For the coating:** Toast the shells in a non-stick pan to dry them out. Then grind into a powder in a Thermomix. Sieve. **For the tomato water:** Place the blended tomatoes in a saucepan, boil for 2 minutes and strain the resulting liquid. **For the tomato meringue:** Beat the egg whites with the cold tomato juice and leave to rest for 6 hours. Then whisk using an electric mixer until it has a meringue-like texture. Spread the mixture onto some greaseproof paper and dry out in the oven at 90°C for 5 hours. Then remove from the oven and slice into 2 centimetre squares. **For the rocket sauce:** Blanch the rocket in boiling water, then transfer to iced water. Blend immediately in a Thermomix, strain and thicken with Resource. Finally, combine with the drained sesame seeds. **Final touches and presentation** Coat the raw, peeled prawns and shrimp in the shell powder and heat gently under the salamander. Place three drops of the rocket sauce onto a plate, followed by three drops of the prawn and shrimp sauce. Place the prawns on top of the meringue, arrange the shrimp around the plate, and garnish with the rocket leaves. This dish tastes similar to a traditional dish of prawns and shrimp a la plancha, but with a spectacular texture and an extraordinary intensity of flavour. It's one of the recipes in which we strive to intensify the flavour of an ingredient using that ingredient itself. In this case, we do this by creating a prawn and shrimp powder.

Oysters eaten with shell

Ingredients for 4 people · 8 small oysters · 100g oyster water · **For the shell:** 50g toasted black multigrain bread · 10g toasted onion · 100g cocoa butter · **For the sauce:** 50g sugar · 10g water · 200g *txakoli* · 10g shallot · **For the presentation:** Oyster leaf *(Mertensia maritima)* · Begonia flower

Method Open the oysters carefully so as not to spill any of the water inside. Strain the oyster water through a chinoise. Return each oyster to its shell, add the filtered water and freeze in the blast chiller. Set aside. Remove from their shells just before coating. **For the shell:** Grind and sieve the toasted black bread, then do the same with the toasted onion to create your bread and onion powders. Melt the cocoa butter and then add in the powders. Leave the oysters, which have been removed from their shells, to defrost in the refrigerator. **For the sauce:** Make a caramel with the water and the sugar, pour in the *txakoli* and leave to reduce by half. Once cold, add in the diced shallot. **Final touches and presentation** Spread a line of the *txakoli* sauce on the bottom of a plate and place a begonia flower and an oyster leaf on top. Arrange the oyster, with its new 'shell', in the middle of the plate. **Tasting** We recommend that diners eat the oyster leaf first, so that they experience the full effect of its surprisingly potent oyster aroma and flavour; followed by the oyster itself, which should be eaten whole so that it bursts open – like a liqueur chocolate – on the palate, filling the mouth with the flavours of the sea.

King crab in sequences

Ingredients for 4 people · **For the crab:** 150g king crab legs, trimmed · **For the foam:** 1kg mussels · 300g mussel water · 8 sheets gelatine · **For the chicken:** 1 chicken breast · 2kg coarse salt · 300g sugar · 25g sliced ginger · Olive oil · **For the terrine:** 180g soft meat and coral from the head of the crab · 40g egg yolk · 30g egg white · **For the coral:** 30g crab coral confit · 50g olive oil · **For the faux mayonnaise:** 115g crab water · 50g oil · 9g Resource (modified cornflour) · 2g salt · **For the anchovy salt:** 125g anchovies in oil · **For the marsh samphire:** 15g finely chopped marsh samphire

Method for the crab: Slice the shell on the king crab legs along the side, then very carefully remove the meat and set aside. **For the foam:** Open the mussels by steaming for 12 minutes at 119°C, then strain the water into a bowl with the soaked sheets of gelatine. Whisk using an electric mixer until it has thickened. Once thoroughly whisked, empty into terrine moulds and freeze. Slice using a food slicer on the number 1 setting and reserve. **For the chicken:** Trim the chicken breast thoroughly, add the salt, sugar and ginger mixture and leave well covered with a weight on top. Allow to cure for 7 hours. After 7 hours, remove the chicken, rinse, slice very finely and immerse in olive oil. Set aside. **For the terrine:** Blend the coral together with the eggs. Strain the mixture, vacuum pack to remove all the air and then pour into terrine moulds. Steam cook for 9 minutes at 92°C, leave to rest and then divide into portions. Set aside. **For the coral:** Heat the oil to 70°C, then add in the king crab coral and leave to confit. When it is done, set aside. **For the faux mayonnaise:** First make some crab water by infusing the shells and scraps in water, bringing this to a gentle boil and then leaving to cool. Once the water has been infused with the crab flavour, strain and set aside. Then whisk the crab water together with the oil and the modified cornflour. Season with salt and reserve. **For the anchovy salt:** Drain a tin of anchovies thoroughly, then chop very finely and leave to dry in the oven. Once dehydrated, crush and set aside. **For the marsh samphire:** Dice the marsh samphire very finely just before plating up. **Final touches and presentation** Sear the king crab on a flat top grill. While it's cooking, place a sheet of the mussel foam on the bottom of a plate. On top of this, and from left to right, place the marinated chicken, the crab terrine, the coral, the crab leg (add last, as soon as it's cooked) and the mayonnaise. When you get to the centre of the plate, repeat the pattern, but this time from right to left. Trace a line of anchovy salt from the edge to the middle of the plate on one side. Repeat using marsh samphire on the other side. Add the crab and the mayonnaise last.

Foie gras and tapioca pearls with sour salad

Ingredients for 4 people · For the foie gras pearls: 1kg foie gras, cleaned · 16g salt · 5g sugar · 4g white pepper · Nitrogen · **For the roselle reduction:** 500g water · 35g roselle · 100g sugar · 18g Resource · 1 sheet leaf gelatine · **For the sour salad:** 5g sorrel · 5g *Aptenia cordifolia* (heartleaf iceplant) · 5g verdolaga · 5g wood sorrel · **For the tapioca:** 100g tapioca · 500g water · Oil · Salt · Pepper · **For the breadsticks:** 100g flour · 70g water · 3g salt · **For the onion powder:** 1 medium onion · **For the presentation:** Salt · Oil

Method for the foie gras pearls: Once the foie gras has been well cleaned, marinate with the salt, sugar and white pepper. When it is ready, cover with film and place in a vacuum bag. Cook in a steam cooker for 40 minutes at 65°C, then remove and refresh using ice. To make the little pearls, first warm the foie gras, then blend and pass through a sieve. Empty into a squeeze bottle and microwave for 3 seconds. Make the pearls by squeezing some drops of the foie gras onto the nitrogen. Strain and keep in a container in the freezer. **For the roselle reduction:** Heat the roselle and the sugar together with the water. Allow to boil for 1 minute and then remove from the heat. Cover and wait until cool. Strain. Heat a small amount of this liquid in order to dissolve the gelatine, then add in the Resource, whisk all together and strain. **For the sour salad:** Clean all the herbs and chop into bite-sized pieces. Set aside. **For the tapioca:** Cook the tapioca in some boiling water. Once cooked, remove and cool. Then spread onto a Silpat baking mat and leave to dry. Before plating up, fry in hot oil, season with salt and pepper and set aside. **For the breadsticks:** Combine the flour, salt and water thoroughly to form a dough. Transfer this to a piping bag and pipe some small lines of bread onto a Silpat baking mat. Bake at 180°C for 8 minutes. **For the onion powder:** Bake the thinly sliced onion in the oven until almost burnt. When well browned, leave to dry in the dehydrator. Then crush, sieve and reserve the resulting powder. **Final touches and presentation** Arrange the foie gras pearls on a plate a while before serving so that they have time to defrost. Brush a line of the roselle reduction onto the plate, scatter the acidic herbs on top together with a little salt and oil, and top with the crusty breadsticks. Finish off with the tapioca and a little of the burnt onion powder.

'Zebra' squid

Ingredients for 4 people · For the squid: 4 chipirones (small squid) weighing 40g each · Squid ink · **For the squid stuffing:** The bodies of 4 chipirones · 50g finely diced onion · 20g green peppers · 100g white wine or *txakoli* · **For the squid 'crackling':** 25g rice · 75g water · 50g chipirón flesh · 3g ink · 100g water · Sunflower oil · **For the white tomato reduction:** 30g sugar · 5g cider vinegar · 100g tomato water · 5g white food colouring · **For the presentation:** Sunflower oil

Method for the squid: Trim the chipirones and set aside. The tentacles will be used for the stuffing. **For the squid stuffing:** Dice the tentacles finely, then sauté together with the onion and the peppers. Deglaze the pan with the white wine and leave the ingredients to brown. Set aside. **For the squid 'crackling':** Cook the rice in water for 18 minutes, then blend, drain and spread onto a Silpat baking mat. Meanwhile, cook the chipirón flesh with the ink and water for 25 minutes. Remove from the heat, blend and strain to produce a black sauce. Use this black sauce to paint some lines onto the creamed rice you spread onto the Silpat baking mat earlier. Leave to dehydrate at 80°C for 1 hour, then fry in hot sunflower oil. **For the white tomato reduction:** Heat the sugar, deglaze with the vinegar and then add in the tomato water. Leave to reduce and, once the volume has decreased by half, add in the white food colouring and remove from the heat. **Final touches and presentation** Just before serving, paint some lines onto the squid using the squid ink, dry well (we use a hairdryer) and then cook in the sunflower oil at 70°C for 2 minutes. Use the tomato reduction to paint a white zebra pattern onto a black slate plate. Arrange the squid stuffing on top, and cover with the zebra-striped squid. Finally, add the squid 'crackling'.

Squid rings

Ingredients for 4 people · For the ink rings: 250g tomato water · 4.5 sheets leaf gelatine · 250g chipirón (small squid) sauce · 4.5g gelatine · **For the fried squid broth:** The arms and tentacles of 4 line-caught chipirones · **For the squid rings:** 4 line-caught chipirones · 2 egg yolks · Salt · Lemon juice · **For the presentation:** Parsley flowers

Method for the ink rings: Dissolve some gelatine into the squid sauce and then place in the refrigerator, but do not allow to set. Then dissolve some gelatine into the tomato water and whisk in an electric mixer above a bowl of ice. Once whisked, spread a little of the tomato foam onto some cling film in the shape of a rectangle measuring 5 centimetres wide by 8 centimetres long. Roll this into a cylinder, with a hollow in the centre. Place in the refrigerator for 15 minutes until set. Then fill with the squid sauce and reserve. **For the fried squid broth:** Dice the tentacles and arms and sear in a pan. Remove from the heat and set aside. Add the water to the pan and reduce to a quarter of its volume. Strain and reserve. **For the squid rings:** Combine the salt, lemon and egg yolks and reserve. Slice the squid into 1.5 centimetre rings and set aside. **Final touches and presentation** Slice the ink rings 1.5 centimetres thick and place five on each plate. Dip the squid rings into the egg mixture and cook in a non-stick pan at 150°C. Also pour some of the yolk into the centre of the rings until it begins to set. As soon as it begins to harden (3 seconds), remove the squid rings and plate up. Add a few drops of the broth to the plate. Finish off with the diced tentacles and the parsley flowers.

Cold txangurro with sea flavours and sprouts

Ingredients for 4 people · For the txangurro (brown crab): 100g txangurro meat · **For the sauce:** 50g txangurro coral · 50g shellfish water (from opening mussels or cockles) · **For the carabinero prawn oil:** 1 carabinero (scarlet prawn) · 100g olive oil · **For the breadcrumbs:** 100g stale bread · **For the foam:** 250g shellfish water · 2 green peppercorns · Leaf gelatine · Purple *shiso* · Green *shiso* · Mustard cress · Tahoon cress

Method for the sauce: Blend the txangurro coral in the Thermomix together with the shellfish water, then strain and reserve. **For the carabinero prawn oil:** After you have chopped the prawn, fry lightly and infuse in the olive oil at 70°C for at least 60 minutes. Strain and set aside. **For the breadcrumbs:** Slice the crust into little cubes and mix with the carabinero oil. Drain using a colander and reserve. **For the foam:** Add the soaked and drained gelatine and the pepper to the shellfish water and bring to the boil. Whisk above a bowl of ice using an electric mixer. Empty the resulting foam into a deep square tray or mould and refrigerate for an hour until set. Slice the foam into rectangles measuring 6 centimetres x 3 centimetres and insert some of the sprouts into each bloc. **Final touches and presentation** Plate up the seasoned txangurro meat using a rectangular mould the same size as the foam bloc. Top with the cubes of bread and arrange the foam alongside. Finish off with some of the sauce.

Steamed shellfish with borage

Ingredients for 4 people · 8 razor clams · 16 cockles · 16 Mediterranean mussels · 4 clams · 12 goose barnacles · 1cl water · **For the borage:** 2 stems borage · Olive oil · Salt · **For the foam:** 2 peppercorns · 1 sprig parsley · 1 slice guindilla chilli · ½ shallot · 1 pinch bay · 1 pinch thyme · 1g soy lecithin · **For the borage cream:** 1 sprig borage · Resource

Method for the borage: Remove the leaves from the stalk, then scrub it with a scourer to peel and remove the bristles. Immerse in boiling water for 1 minute and then cool in iced water. Sauté over a high heat in a frying pan with a drop of oil and salt. Wash and dry the leaves, then fry in olive oil. Leave to dry on absorbent paper and set aside. **For the foam:** Heat a saucepan and add in all the ingredients (except the soy lecithin). Clean the shellfish thoroughly. Once you have opened the cockles and mussels, remove from the heat and strain the resulting stock through a chinoise. Add the soy lecithin and whisk until the mixture is well aerated and frothy. The soy lecithin will help to ensure that the foam doesn't collapse. **For the borage cream:** Blanch the borage leaves in boiling water and then transfer immediately to iced water. Blend with a little water, season and thicken with Resource. **Final touches and presentation** Heat the seawater in a deep frying pan. Just before serving, remove the shells from the remaining shellfish by submerging them in the boiling water. Take them out as they begin to open and transfer to the plate. Open the razor clams in a pan with a drop of oil. Shell them, remove their stomachs, and plate up on top of a spoonful of borage cream. Then arrange the shellfish neatly on the plate. Aerate the foam and spoon over the shellfish. Garnish with the fried borage leaf and a couple of borage stalks.

Mushrooms in the forest

Ingredients for 4 people · **For the 'earth':** 2g salt · 75g ground almonds · 75g butter · 45g flour · 35g dried trumpet of death mushrooms · **For the vegetables:** 4 leaves oak leaf lettuce · 40 verdolaga leaves · 12 nasturtium stalks · **For the broth:** 250g chicken stock · 100g mushroom scraps · 10 black peppercorns · 50g small ceps · 25g small chanterelles · 25g small trumpet of death mushrooms · **For the mushroom mayonnaise:** 1 egg · 100g pine nut oil · 55g sunflower oil · 14g soy sauce · Salt

Method for the 'earth': Grind the trumpet of death into a powder and mix with the salt, almond, butter and flour. Bake at 150°C for 18 minutes. When cold, crumble with your hands. **For the vegetables:** Wash the oak leaf lettuce and arrange on a tray. Then roast in the oven at 180°C for 15 minutes. Wash the verdolaga and the nasturtium stalks. **For the broth:** Bring the stock to the boil and add in the mushroom scraps and the peppercorns. Remove from the heat and strain when cold. Clean the various mushrooms with a brush and a damp cloth. **For the mushroom mayonnaise:** Make the mayonnaise as you normally would, first mixing the egg yolk with a little egg white. Then add in the pine and sunflower oils and finally the soy sauce. Do not use any seasoning other than the soy sauce. **Final touches and presentation** Spread the 'earth' onto a flat dish. Cook the mushrooms in the stock at 96°C for 30 seconds and then remove using a slotted spoon, transferring to a tray so that they release some of the stock. Place the nasturtium stalks and the verdolaga on top of the 'earth'. Top with the dried oak leaf lettuce and two teaspoons of the mayonnaise.

Mushrooms with egg pasta

Ingredients for 4 people · **For the mushrooms:** A selection of seasonal mushrooms · **For the egg yolk spaghetti:** 60g egg yolk · 1g salt · **For the egg white spaghetti:** 65g egg white · 150g garlic oil · **Garlic oil:** 75g virgin olive oil · 5g garlic · **For the truffle-stuffed spaghetti: The spaghetti:** 200g water · 20g vegetable gelatine · **The filling:** 75g duck jus · 25g truffle juice · 10g Resource · **For the pine nut mayonnaise:** 1 egg · 28g soy sauce · 110g sunflower oil · 200g pine nut oil · **For the presentation:** Seasonal shoots or herbs

Method for the egg yolk spaghetti: Mix the yolks and salt thoroughly and, using a syringe, insert into some straws. The straws should be greased beforehand to allow for easy removal. Cook in a steam cooker for 3 minutes at 85°C. Then remove and reserve. **For the egg white spaghetti:** Fry the sliced garlic in oil. Once this garlic oil is cold, use it to make a mayonnaise with the egg whites and insert this into the straws. Cook in the steam cooker for 7 minutes at 90°C. Remove and set aside. **For the truffle-stuffed spaghetti: The spaghetti:** Pour the powdered gelatine into the water, bring to the boil and then remove from the heat. Immerse a 15 centimetre skewer into some nitrogen and then dip it into the gelatine mixture. Take it out of the gelatine and remove the skewer, leaving a strand of 'spaghetti'. Fill this using a syringe and then set aside. **The filling:** Mix all the ingredients together using an electric mixer and then inject into the gelatine spaghetti. **For the pine nut mayonnaise:** Place all the ingredients in a jug and mix using a Turmix. Once the mayonnaise has thickened, set aside. **Final touches and presentation** Sauté the mushrooms and then arrange in a row on a plate. Warm the spaghetti separately and place on top of the mushrooms. Pour the mayonnaise onto the side of the plate and top the dish with some seasonal shoots or herbs.

Line-caught squid on coloured sand

Ingredients for 4 people · 4 line-caught chipirones (small squid) · 200g squid ink oil · **For the green sand:** 100g green peppers · 25g rice · 100g water · Olive oil · **For the red sand:** 100g red peppers · 25g rice · 100g water · Olive oil · **For the black sand:** 100g squid flesh, trimmed · 50g water · 4g squid ink · Olive oil · **For the broth:** 50g squid trimmings · 25g onion · 25g white wine · 100g water · **For the quenelle:** 20g onion, diced and gently cooked in oil · 4 line-caught chipirón tentacles

Method Trim the squid and set aside. **For the green and red sands:** Once you have chopped the peppers, cook them together with the water and rice for 20 minutes. Then blend in a Thermomix and spread out onto a Silpat baking mat. Finally, leave to dry in the oven for 2 hours at 70°C. Fry the resulting sheet in hot olive oil and, once it begins to puff up, transfer to absorbent paper. Crush using a knife on a chopping board until it has the appearance of sand. **For the black sand:** Blend the squid with the water and ink in a Thermomix until you have a smooth mixture. Spread onto a Silpat baking mat, cook in the steam cooker for 2 minutes at 200°C and then leave to dry in the oven for 2 hours at 70°C. Fry the resulting sheet in hot olive oil and remove once it begins to puff up. Crush using a knife against a chopping board until it looks like sand. Set aside. **For the broth:** Fry the squid trimmings lightly in a saucepan until golden, then add in the onion and cook until golden too. Pour in the wine and leave until it has completely evaporated. Finally, add the water and leave to cook for 25 minutes. Then strain and reduce until you have a concentrated broth. **For the quenelle:** Using two teaspoons, make quenelles of the sautéed onion and tentacle mixture. **Final touches and presentation** Cook the squid gently in the hot sunflower oil. Just before serving place the quenelles under the salamander for a few seconds to solidify. Finally, arrange the coloured sand on the plate, top with the cooked squid, add a drop of the squid broth and finish off with the tentacle quenelle.

False vegetable risotto with beetroot egg yolk

Ingredients for 4 people · For the vegetable juices: 200g carrot juice, well-strained · 200g green bean juice · 200g chard leaf juice · 200g cauliflower purée · 200g asparagus purée · **For the vegetables:** 100g carrot · 100g green beans · 100g chard · 100g cauliflower · 100g white asparagus · Salt · **For the beetroot egg yolks:** 4 fresh egg yolks · 300g beetroot juice, well-strained · 7g salt · 3g sugar · 1 sprig of fresh thyme · **For the egg whites:** 60g egg white, whisked thoroughly and left to sit · 200g olive oil

Method for the vegetable juices: Carrot juice: Peel the carrots, then liquidise and strain. Set aside. **Green bean juice:** Trim the green beans, blanch in boiling water and refresh. Liquidise and reserve. **Chard juice:** Blanch the chard leaves, leave to cool and drain well. Liquidise, strain and reserve. **Cauliflower purée:** Steam cook the stalks, drain well and blend with equal quantities of butter. Sieve through a colander and reserve. **Asparagus purée:** Steam cook the asparagus stalks and, when they are done, drain well. Blend into a purée and set aside. **For the vegetables:** Chop all the vegetables in *brunoise*, except the cauliflower, which should be broken into florets. Cook all the vegetables separately by frying lightly over a high heat in deep pans with a splash of olive oil. Pour in the respective purées, leave to reduce and add salt to taste. **For the beetroot egg yolks:** Make some beetroot juice, then strain into a container and add the salt and sugar. Mix well, add the fresh thyme and then immerse the egg yolks in the juice for 4 hours. **For the egg whites:** Beat the egg whites in an electric mixer and then strain. While the egg whites are resting and losing some of their air, heat the oil to 70°C. Begin adding drops of the egg white, which will set almost as soon as they touch the pan. Drain and reserve in some oil. **Final touches and presentation** Using a ring mould, place one of the yolks in the middle of a deep dish and arrange the various vegetable risottos around it, taking care not to place vegetables of a similar colour next to one another. Garnish with a few drops of the cooked egg white in reference to a fried egg.

Squid with onion and parmesan curd

Ingredients for 4 people · For the squid: 4 chipirones (small squid), weighing 25g each · **For the parmesan curd:** 250g sheep's milk · 75g chopped parmesan cheese · 8 drops of rennet · **For the cuttlefish powder:** 100g cuttlefish, trimmed and blended · 50g water · 4g squid ink · **For the smoked squid oil:** 100g chipirón trimmings · 70g diced green peppers · 40g diced onion · 500g sunflower oil · Wood for smoking · **For the onion rings:** 2 spring onions, weighing 25g each · Salt · **For the presentation:** Chive stalks and flowers

Method for the squid: Slice the chipirón and reserve. **For the parmesan curd:** Infuse the sheep's milk with the chopped parmesan and leave to marinate for a day in the refrigerator. Strain and set aside. **For the cuttlefish powder:** Blend the cuttlefish with the water and the ink in the Thermomix, spread out onto a Silpat baking mat and cook in the steam cooker for 2 minutes at 119°C. Dry in the oven for 2 hours at 70°C. Once well dried, fry in hot oil (150°C) and blend again to produce a cuttlefish powder. Set aside. **For the smoked squid oil:** Sear the chipirón or cuttlefish tentacles in a frying pan, together with the peppers and onions, until golden. Once they have taken on a good colour and aroma, immerse in the sunflower oil and smoke in a wood smoker until the oil has been infused with enough flavour. Set aside. **For the onion rings:** Slice the onions into rings and, if they smell or taste overpowering, place in salted, iced water. Set aside. **Final touches and presentation** Place a few drops of the curd into the dish, followed by a splash of the warm parmesan-infused milk (maximum 45-50°C). Leave to set and then add the cuttlefish powder on top. Meanwhile, place the squid and onion in the smoked sunflower oil with a little salt and leave to cook at 70°C. Once they are transparent, arrange these on top of the curd and garnish with the chive stalks and flowers.

Boned lamb's tail with cauliflower, leek, carrot and beetroot macaroni

Ingredients for 4 people · For the lamb's tail: 12 small lamb's tails · 1 onion · 1 carrot · 1 leek · 250cl white wine · 1l water · **For the vegetable macaroni:** 100g cooked cauliflower · 100g cooked leek (just the white part) · 100g cooked carrot · 100g cooked beetroot · **For the vegetable purées: Cauliflower purée:** 100g cauliflower · 100g water · 2g Resource · **Leek purée:** 100g leek · 50g potato · 100g water · Resource · **Carrot purée:** 100g carrot · 100g water · 2g Resource · **Beetroot purée:** 100g raw beetroot · ½ garlic clove · 25g Ibérico pork fat · 100g water · **For the vinaigrette:** 4 washed mustard leaves · 1cl soy sauce · 1cl Forum vinegar · 3cl virgin olive oil · **For the presentation:** Filo pastry · Mustard cress

Method for the lamb's tail: Once the vegetables have been lightly fried, add the fried tails and pour in the wine. Leave to reduce, pour in half the water and gradually add the rest. Leave to cook for two and a half hours. Then remove from the heat and bone the tails while hot. Re-form the tail using just the meat and wrap in film. Leave to cool completely. **For the vegetable macaroni:** Blend each one of the vegetables separately in a Thermomix, then sieve and spread out onto a Silpat baking mat to a depth of 0.1 centimetre. Dry these vegetable sheets in the dehydrator at 60°C for 1 hour. Slice into 6 x 4 centimetre rectangles and roll up into little cylinders measuring 0.5 centimetres in diameter. Set aside. **For the vegetable purées: Cauliflower purée:** Cut the cauliflower into slices and sear these on both sides on a flat top grill. Place in a deep frying pan along with the water and cook gently for around 15 minutes. Blend with the Resource, strain and set aside. **Leek purée:** Slice the leeks in half and sear evenly on a flat top grill. Transfer to a deep frying pan with the water and the potato and cook gently for 18 minutes. Blend with the Resource, strain and set aside. **Carrot purée:** Cut the carrots lengthways and sear on a flat top grill on both sides. Transfer to a deep frying pan with the water and cook gently for 18 minutes. Blend with the Resource, strain and set aside. **Beetroot purée:** Fry the garlic in the melted pork fat, then add in the beetroot and sauté for a few minutes. Pour in the water and leave to cook for 12 minutes. Blend, strain and reserve. **For the vinaigrette:** Chop the mustard cress very finely and add to the rest of the ingredients. **Final touches and presentation** Remove the film from the rolled lamb tails, wrap in a sheet of filo pastry 2.5 times as wide as the tail and the same length, and sear in a pan on all sides. Then fill the vegetable macaroni with their corresponding vegetable purées. Place the lamb's tail on a rectangular dish with two pieces of macaroni on either side. Finish off with the vinaigrette and some mustard cress.

Box of desalted cod

Ingredients for 4 people · For the loin of bacalao (salt cod): 2 loins of salt cod, weighing 400g each · **For the box:** 100g filo pastry · 50g virgin olive oil · 10g garlic, sliced thinly · 1g red guindilla chilli · Salt and pepper · **For the coating:** 15 prawn crackers · 150g olive oil · **For the salt cod confit:** 500g virgin olive oil · A slice of dried guindilla chilli · 6 garlic cloves · **For the tomato juice:** 500g clarified tomato water · 2 cloves · 1 bay leaf · 10g whole black peppercorns · 150g garlic oil · 25g Resource · **For the salt cod *callos*:** 200g salt cod *callos*, desalted (*callos*, literally 'tripe', consist of a fish's swim bladder) · **For the garnish:** 12 stalks of salty finger

Method for the box: With the help of the cutting attachment on your pasta machine, prepare some strips of filo pastry. Spread out onto an oven tray and bake in the oven for 20 minutes at 145°C. Set aside. Fry the garlic together with the guindilla chilli on a low heat and remove just before serving. Dress the filo pastry with the oil, salt and pepper. **For the coating:** After puffing up the prawn crackers by frying in oil, drain and crush using a rolling pin. Set aside. **For the salt cod confit:** Mix the garlic with the guindilla chilli and cook until lightly browned. Very gently confit the salt cod in the oil; do not fry. **For the tomato juice:** Mix the tomato water with the spices: cloves, bay and peppercorns. Leave to infuse and, when strongly flavoured, pour through a strainer and add the garlic oil. Finally, thicken with Resource and set aside until it's time to plate up. **For the salt cod *callos*:** Once the *callos* have been cooked, leave them to boil for 5 minutes. Remove from the heat and leave to cool in their own water, then clean, trim and set aside together with the tomato juice. **Final touches and presentation** Confit the salt cod in the oil at 90°C for 4 minutes. Then cover the bottom of the box with the filo pastry. Place the *callos* in a deep dish and coat with the sauce, then add six stalks of salty finger. Arrange the breaded loin of salt cod in the box. At the table the waiter should serve the fish and the filo pastry from the box into the dish containing the *callos* and the tomato juice.

Three-minute egg

Ingredients for 4 people · For the egg: 4 eggs · 250g white wine vinegar · 1l stock · **For the broth:** 100g Serrano ham · 25g garlic, diced · 25g green and red peppers · 2g smoked paprika · 2l water · **For the mushrooms:** 25g small chanterelles (*Cantarellus cibarius*), shredded · 25g ceps, sliced · 10g wood blewit · 10g shimeji mushrooms · Oil · **For the base:** 10g fried bread · 10g sautéed cubes of pancetta · **For the garnish:** Heartleaf iceplant and begonia flowers.

Method for the egg: Leave the eggs in vinegar for two days to dissolve the shells. Then wash in cold water. Place the eggs in some water for another two days to remove the vinegar taste, changing the water every 8 hours. Finally, soak in the stock for two more days. **For the broth:** Roast the sliced Serrano ham in the oven at 160°C for 15 minutes. Dice the garlic and the red and green peppers and fry lightly. Add a spoonful of paprika and the ham and cover with water. Leave to reduce by half. **For the mushrooms:** Dip the chanterelles and the ceps in the flour and then fry. Sauté the wood blewits and the shimeji mushrooms as normal. **Final touches and presentation** First cook the egg in boiling stock for 3 minutes. Meanwhile, arrange a little fried bread and pancetta in the centre of a plate. Nestle the egg safely on top as soon as it is cooked and scatter around the mushrooms, some heartleaf iceplant and the begonia. When the diner slices into the egg it will burst open and the yolk will mingle with the rest of the ingredients. This satisfying dish should be eaten with a spoon – and all the different elements should be mixed together.

Vegetable ravioli

Ingredients for 4 people · **For the herb broth:** 200g ham stock · 20g cardifolia · 20g tatsoi · 5g Resource · **For the turnip ravioli:** 8 slices turnip · 25g horseradish · 50g potato purée · **For the beetroot ravioli:** 8 slices beetroot · 25g beetroot · 25g onion · **For the carrot ravioli: The paper:** 50g cooked carrot · **The filling:** 25g diced carrot · 25g liquidised carrot · **For the cauliflower ravioli: The paper:** 50g cooked cauliflower · **The filling:** 25g diced cauliflower · 25g cauliflower purée · **For the pancetta ravioli: The filling:** 4 slices pancetta measuring 4 x 3cm and 1mm thick · 20g pancetta stock · 5g pancetta fat · 3g Resource · Clarified foie gras fat

Method for the herb broth: Blend the herbs together with the stock and the Resource. Heat to no more than 40°C. **For the turnip ravioli:** Cut the turnip slices using a round 8.5 centimetre mould, then blanch and leave to cool. Meanwhile, mix the horseradish and the potato purée and use the resulting mixture to fill the turnip slices. Set aside. **For the beetroot ravioli:** As with the turnip, cut the beetroot slices using a round 8.5 centimetre mould, blanch and leave to cool. Then fry the beetroot gently with the onion (both chopped in *brunoise*) for 15 minutes, use the resulting mixture to fill the beetroot slices, and set aside. **For the carrot ravioli: The paper:** Once you have blended and strained the carrots, spread them out and leave to dry in the dehydrator at 50°C for around 5 hours. Cut the resulting sheet with a round 8.5 centimetre mould and set aside. **The filling:** Blend the carrot, add the liquidised carrot and allow to reduce until it thickens. Leave to cool. **For the cauliflower ravioli: The paper:** After you have blended and strained the cauliflower, spread it out and leave it to dry in the dehydrator at 50°C for 5 hours. Cut the resulting sheet with a round 8.5 centimetre mould and set aside. **The filling:** Fry the cauliflower lightly, add the purée and set aside. **For the pancetta ravioli: For the filling:** Blend the stock with the fat and the Resource. Use a slice of pancetta to make an individual ravioli, then insert the filling. **Final touches and presentation** Place one ravioli in the middle of the plate, arrange the others around it and heat the plate under the grill. Add a few dots of foie gras fat. Serve with a little jug of the herb broth, which the waiter should pour, in front of the diner, into the spaces between the ravioli.

Chipirón broth, mini squid and fried bread

Ingredients for 4 people · **For the chipirón:** 4 line-caught chipirones (small squid), trimmed, but with the skin on · **For the chipirón broth:** 1 onion · 1 carrot · 500g squid flesh · Water · **For the faux chipirón:** 100g cooked onion · 1 sac chipirón ink · **For the faux chipirón stuffing:** 50g chipirón trimmings · 150g olive oil · 25g flour · 25g maltodextrin · **For the fried bread:** 100g olive oil · 25g organic bread · **For the *chipirón* confit:** 200g olive oil · **For the presentation:** 4 garlic chive flowers · 4 leaves of wood sorrel

Method for the chipirón broth: First, colour the squid flesh and the vegetables on a flat top grill. Then transfer the ingredients to a saucepan, cover with water and cook at just below boiling point (do not allow to boil) for 8 hours. This will produce a clear and transparent broth. Strain through a chinoise. **For the faux chipirón:** Blend the onion thoroughly with the ink, spread out onto a Silpat baking mat and dry in the dehydrator for 3 hours at 60°C. Using a pair of scissors, cut the resulting black paper into the shape of a chipirón. Set aside. **For the faux chipirón stuffing:** Blanch the finely diced squid, dip in flour and fry in olive oil until crispy. Then immediately blend with a drop of oil, combine with the maltodextrin and use to create 4 gram balls. Wrap these in the chipirón-shaped paper and set aside. **For the fried bread:** Cut the bread into 1.5 centimetre cubes, fry in oil and place on some absorbent paper until well drained. **Final touches and presentation** Using a thermometer to monitor the temperature, heat the olive oil to 80°C in a deep frying pan and confit the squid for 1.5 minutes. Once the squid is done, drain off any excess oil and place upright in a deep, heated dish. Place the stuffed faux squid made from ink to one side and a little cube of bread to the other. Top the bread with some chive flowers and the wood sorrel (a kind of acidic shamrock). Heat the chipirón broth and serve in an individual jug so that each diner can add as much as they want.

Squid in Añana salt

Ingredients for 4 people · 1kg Añana salt · 4 small line-caught chipirones (small squid) · 50g tomato · 10g fresh piparra peppers from Ibarra · 4 young garlic · 4 garlic chive flowers · **For the flavoured oil:** · 4 chipirón tentacles · 15g flour · 100g sunflower oil · 100g olive oil · 20g stale bread

Method Trim the fresh, line-caught squid, but leave on the delicate, brightly-coloured skin. Set aside. Set aside some slices of tentacle, or one whole tentacle, to make the flavoured oil. **For the flavoured oil:** After you have dipped the tentacles in the flour, fry in hot sunflower oil, drain well and blend with the olive oil and fried bread. **Final touches and presentation** Arrange some thin slices of tomato on the bottom of a plate. Place the trimmed squid on top. These should be brushed with olive oil to prevent them from sticking to the cloth. Then add the young garlic, the chive flowers and the finely sliced piparras (fresh guindilla chillis). Heat some salt and when red hot scatter onto a damp cloth. Use a stainless steel ring to keep the cloth in place. In the dining room, the waiter should cover the squid with the cloth containing the hot salt and leave them to cook for 4 minutes. The salted cloth should then be removed and the dish dressed with the flavoured oil. A chuzo (salt stalactite) should then be grated onto the squid, as it has not yet been seasoned; up until this point salt has only been used as a cooking method. **Note** This dish came about as part of our support for the Añana Saltmine Foundation, which is rebuilding the ancient Añana saltmines, restoring them to their original splendour.

Brewed lobster

Ingredients for 4 people · 2 spiny lobsters, weighing 400/500g each · 2 CONA coffee-makers · **For the broth:** The heads of two spiny lobsters · 800g water · Salt · **For the garnish:** 1 chive flower · 30g marsh samphire · 30g wild asparagus · 2 calendula flowers · 2 baby leeks · 4 leaves of dwarf basil · 4 garlic chives

Method for the broth: Split the lobster heads in half, then dry fry in a non-stick pan until golden. Cover with cold water, heat to 95°C – just below boiling point – and infuse for two and a half hours. Strain through a chinoise, season with salt and set aside. **For the lobster:** Place the lobsters in the blast chiller to put them to sleep, but do not allow them to freeze. When ready, peel with the help of a pair of scissors and cut each tail into eight medallions. **Final touches and presentation** Remove the petals from the chive and calendula flowers. Meanwhile, slice the baby leeks into four pieces and sear on a flat top grill with a drop of oil and some salt. Then slice each garlic chive into 4 pieces. Set up the two coffee-makers in the same way. Place eight slices of lobster, along with the vegetables and herbs, into the upper sections of the coffee-makers, and pour the broth – just below boiling point at 95°C – into the lower sections. Each coffee-maker is then assembled at the table in front of the diner, and the spirit lamp lit. The broth is drawn up into the upper section, where it heats/cooks the lobster medallions and the herbs. Leave for 2-3 minutes and then snuff out the flame. In a few seconds, the vacuum created will suck the broth back down through the glass filter. Once the broth has moved down into the lower section, the slices of lobster, the herbs and the vegetables are served into bowls. They are then drizzled with a little of the broth (lobster consommé). The rest of the broth is to be drunk – and is served separately in a small glass. **Note** This dish was created for an event held in Sant'Agata (Italy) at the Don Alfonso restaurant, which is owned by some of our dearest friends, the Lacarino family. Each of the chefs invited brought two dishes that they had created especially for the occasion. 35 privileged diners breakfasted, lunched and dined on food prepared by the ten European chefs chosen by Enzo Caldarelli.

Roasted lobster with a spice balloon

Ingredients for 4 people · 4 clawed lobsters, weighing 500g each · **For the ravioli:** The heads of 4 clawed lobsters · 12 slices celeriac · **For the broth:** The shells of 2 clawed lobsters · 100g water · **For the spice balloon:** 100g mozzarella · ½ tbsp spoon sweet paprika · ½ tbsp curry powder

Method for the ravioli: Cook the lobsters for 1 minute and 10 seconds in the steam cooker at 119°C. Then separate out the heads, claws and bodies. Split the heads down the middle and sear the inside on a flat top grill. Remove the coral with a spoon and set aside. Sear the celeriac slices on a flat top grill, then fill with the coral from the lobster heads and shape into ravioli. **For the broth:** Sear the lobster shells on a flat top grill, then transfer to a deep frying pan, add the water and cook gently for 20 minutes. Strain through a chinoise. Set aside. **For the spice balloon:** Open a packet of mozzarella, drain off the water and shred. Cook in the microwave for 30 seconds. Stir with a spoon and remove all the liquid (whey) it has released. Cook for a further 30 seconds in the microwave, but this time keep the liquid so that it doesn't become too dry; work into a smooth paste similar to chewing gum. Take a portion of this paste and heat in the microwave for a further 7-8 seconds with a little water. Now, using your fingers, quickly work into a cube shape before it cools down. Attach to the nozzle of a siphon. Fill with air until it inflates, then seal at the base and sprinkle the spices over the top. **Final touches and presentation** Once you have peeled the lobster, slice the body into six pieces and sear on a flat top grill together with the peeled claws. Place some of the broth in the bottom of a dish, followed by the ravioli and the lobster, and top with the balloon.

Tuna in onion paper with tamarillo

Ingredients for 4 people · 100g Atlantic bluefin tuna loin · **For the onion paper:** 1 onion · The ink of 1 chipirón (small squid) · **For the marinade:** 100g olive oil · 5g fresh ginger, grated · 2g lime or green lemon zest · **For the garnish:** 2 young spring onions · 12 garlic chives ·

4 tamarillos · **For the sauce:** 1 tamarillo · 20g water · Salt · **For the broth:** 1 onion · 1 leek · 1 carrot · 100g tuna bones and trimmings · 20g dried tuna · 1 starfruit · 20g celeriac

Method: Cut the tuna loin into four cubes, immerse immediately in the marinade and leave for 20 minutes. **For the onion paper:** Cut the onion into thin wedges and cook in boiling water for 12 minutes, then blend in a Thermomix and spread onto a Silpat baking mat. Dry in the oven for 45 minutes at 60°C or for a day at room temperature in the kitchen. Peel the resulting paper off the Silpat baking mat and cut into 8 x 4 centimetre rectangles. Write TIPULA ('onion' in Basque) on the edge of the paper using a toothpick and some squid ink. Leave to dry at room temperature. **For the garnish:** Once you have cut the spring onions into 0.5 centimetre slices, sear on a flat top grill, colouring on one side only. Cook the chives for 5 seconds in the microwave on high power, then cool in water and trim so that they are all the same length. Set aside. Peel the tamarillo and then create little tamarillo balls using a melon baller. Set aside. **For the sauce:** Peel the tamarillo completely, add to the salted water, then blend and strain. Set aside. **For the broth:** Trim the vegetables. Colour the onion on a flat top grill. Sear the tuna bones on a flat top grill. Then cover all the ingredients with cold water and cook for 8 hours, but do not allow to come to the boil. Then strain and add in the dried tuna. Leave to cool and then remove the tuna. Using a number 12 melon baller, make some little celeriac balls. Cut the starfruit into small pieces. Set aside. **Final touches and presentation** Heat the ingredients for the garnish. Place the chive on a plate and top with the spring onion, a little of the sauce and the tamarillo. Cook the tuna in a pan until golden but very rare, like beef. To complete the dish, wrap the tuna in the onion paper, making sure the letters are visible, and arrange some chives alongside. Serve the broth and the vegetables separately in a bowl.

Escabeche instant tuna with piparras

Ingredients for 4 people · **For the tuna:** 8 slices of tuna, weighing 40g each · **For the tuna oil:** 350g flaked tuna in oil · 750g olive oil · **For the preserving jar:** 200g tuna oil · 32g red wine vinegar · 4 bay leaves · 12 whole black peppercorns · 4 stalks of young garlic · **For the tuna cream:** 100g tuna flesh · 8g water · **For the salad:** 60g fresh lettuce leaves · 12 lettuce flowers · **For the piparra bread:** 6 thin slices from a tin loaf · 6 piparra peppers in vinegar

Method for the tuna oil: Mix the flaked tuna with the oil, blend thoroughly and leave to rest for 24 hours. Once the oil has macerated the tuna, strain and set both ingredients aside separately. Heat the oil to 100°C. **For the preserving jar:** Season the tuna, then dip in the hot oil to prevent it from sticking to the walls of the jar during cooking. Pour 1 centilitre of vinegar into the jar, and also add in the young garlic, the bay and the pepper. Finally, cover with the hot tuna oil. **For the tuna cream:** Heat the drained tuna flesh in a deep frying pan at 70°C and pour in the water to create a tuna cream. **For the salad:** Dice the lettuce finely, rinse well and drain using a chinoise. Set aside. **For the piparra bread:** Toast the slices of bread under the salamander on one side only. Then immediately arrange the halved, seeded, well-drained piparra peppers on one half of the bread, folding the other half on top to make a sandwich. Press gently. **Final touches and presentation** Once the preserving jar has been filled with the hot oil (100°C), seal it and place in the steam cooker for 2 minutes at 93°C. While the jar is cooking, place the piparra sandwich on a slate or display platter with a little of the warm tuna cream. Place the lettuce leaves and the lettuce flowers on top of the cream. Place the jar onto the platter and serve to the diner. Remove the tuna from the jar and place on top of the piparra sandwich, along with the young garlic and a little of the escabeche or pickling brine.

Beef in copper potato with lentil purée

Ingredients for 4 people · 400g beef tenderloin · Salt · Pepper · Thyme · Chive · **For the copper potato:** 250g potato · 125-175g hot water · 3g salt · 3g powdered copper food colouring · **For the beef stock:** 150g beef trimmings · 35g onion · 30g olive oil · 3 peppercorns · **For the lentil purée:** 400g water · 100g lentils · 1g garlic · 10g onion · 10g leek · 10g tomato · 10g carrot · **For the fried lentils:** 20g cooked and dehydrated lentils · Oil · Salt · **For the butter sponge:** 150g butter · 20g chorizo

Method Once you have trimmed the sirloin and divided it into portions, cut into 50-60 gram cubes. Keep the trimmings for the stock. **For the copper potato:** Place the peeled and chopped potatoes in the Thermomix with water for 25 minutes at the highest temperature. When well cooked and blended, sprinkle with the copper powder and, if necessary, strain. Spread onto a Silpat baking mat and leave to dry. You can also cook the potatoes in a steam cooker for 9 minutes at 119°C, then blend with the water and add in the colouring. Strain and spread onto a Silpat baking mat. **For the beef stock:** Brown the seasoned meat in a saucepan with some hot oil, then add in the onion and cook until well coloured. Deglaze with the brandy and then add the water – but don't cover completely – and leave to reduce. Strain and set aside. **For the lentil purée:** Cook the lentils in the water for 1 hour. Fry the vegetables and then add in the lentils. Cook for a further 20 minutes, then blend the resulting purée and strain. **For the fried lentils:** Fry the cooked and dehydrated lentils in hot oil. Add salt and reserve. **For the butter sponge:** Fry the butter and the chorizo in a deep frying pan over a medium heat, then clarify the mixture. Sieve and leave to cool, stirring until it has the consistency of custard. When this 'custard' has a temperature of 25°C, pour into a siphon, add two charger capsules, then spray into a vacuum tray and freeze. Remove the vacuum once the mixture is frozen and cut into irregular pieces. Set aside in the freezer. **Final touches and presentation** Sear each cube of beef in a non-stick pan, season with salt and pepper and sprinkle with diced thyme and chive. Then wrap each cube in some copper potato and sear in a pan. Leave to rest for 10 minutes and, just before serving, finish off in the oven. Place a spoonful of the lentil purée in the centre of a plate, followed by the fried lentils. Arrange the cubes of beef to one side, and the butter sponge to the other. The waiter should serve the beef jus in a separate jug and pour onto the sponge.

'Stewed' veal with carrots and parsnips

Ingredients for 4 people · For the veal shin: 1 veal shin on the bone · **For the stock:** 1 knee bone · 250g veal trimmings · **For the garnish:** 200g carrot · 25g marsh samphire · 25g green asparagus · **For the parsnip purée:** 200g parsnip · 25g virgin olive oil

Method for the veal shank: Vacuum pack the veal shank and then cook in the steam cooker for 620 minutes at 95°C. Open the bag and collect the resulting stock, then remove the bone and separate the meat into two pieces. Wrap in transparent film, re-forming into the shape of the shank, and transfer to the blast chiller. Set aside. **For the stock:** Add the veal trimmings and the chopped knee bones to a pot of cold water and heat. Cook for 5 hours, skimming constantly, but do not allow to come to the boil. After 5 hours, strain the stock through a chinoise and reserve. **For the garnish:** Chop the peeled carrots and cook in seasoned boiling water for 10 minutes. Then blend in the Thermomix, pass through a sieve and spread onto a Silpat baking mat. Dry for 90 minutes in an oven preheated to 60°C. Once out of the oven, cut into 5 x 3 centimetre rectangles and roll into little cones. Set aside. **For the parsnip purée:** Chop the well-peeled parsnips and cook in seasoned boiling water for 15 minutes. Sieve immediately, mix with the oil and reserve the resulting purée. **Final touches and presentation** Cut the veal shank into thick slices and brown in a pan on both sides. Drizzle with the stock, gradually adding more and more until caramelised. Season to taste. Sauté the asparagus or wild asparagus for a few seconds and then arrange to one side of the plate next to the marsh samphire. Then fill the little carrot cylinders with the parsnip purée and arrange to one side of the plate. Finally, place the slice of veal shank in the middle and drizzle with the reduced jus left in the pan.

Loin of lamb with barley and malt, black vegetable tempura

Ingredients for 4 people · For the lamb: 1 loin of lamb, trimmed, weighing 400g approx. · Salt · Pepper · **For the jus:** 200g lamb bones · 50g onion · White wine · Water · **For the puffed barley:** 50g barley · 1kg water · 100g olive oil · **For the tomato candy:** 100g tomato water · 50g maltodextrin · 10g glucose · 500g cornflour for the drying stage · **For the malt tempura batter:** 20g malt flour · 100g rice flour · 50g wheat flour · 25g Nutriose · 6g salt · 1 chipirón ink sac (a chipirón is a small squid) · **For the vegetable tempura:** 70g red peppers · 30g trimmed white asparagus · 8 bulbs fresh young garlic · 20g flour · **For the presentation:** Edible silver leaf

Method for the jus: Roast the lamb bones in the oven with the onions at 198°C for 20 minutes. Ensure they are well-browned. Then place in a saucepan and add the white wine. Reduce, then add water, reduce again by half and pour through a chinoise. Thicken and set aside. **For the puffed barley:** Cook the barley in the water until the grains are ready, then dry them on a tray in the oven at 60°C for 1 hour. Fry them in hot oil until they puff up, then season and set aside. **For the tomato candy:** Spread the cornflour onto a deep tray, then make some hemispherical hollows in it. Meanwhile, heat the tomato juice together with the glucose and the maltodextrin until it has reduced by a third. Then pour this thickened tomato juice into the hemispherical hollows in the cornflour and leave for around 30 minutes. **For the malt tempura:** Mix all the ingredients together, add water to achieve the desired consistency and set aside. Chop all the vegetables, then dip in the flour, followed by the tempura batter, and fry immediately. **Final touches and presentation** Once you have seasoned the lamb with salt and pepper, sear on a charcoal grill on all sides. Meanwhile, fry the tempura vegetables for a second time in hot oil and, just before plating up, sprinkle them with a little edible silver powder – to represent charcoal embers. When plating up, place the barley on the bottom and top with the lamb. Arrange the malt tempura vegetables around the edge, and the tomato candy and green leaves to one side. The lamb jus should be served separately in a little jug. It should be poured at the table, by the waiter, directly onto the tomato candy, allowing it to melt.

Instant curd with red fruits and petals

Ingredients for 4 people · For the curd or *mamia*: 800ml sheep's milk · Salt · A red hot stone or iron rod · **For the jelly:** 50g redcurrants · 50g bilberries · 50g wild strawberries · 50g strawberries · 50g blueberries · 50g honey · 50g sugar · 2 sheets leaf gelatine · **For the petals:** 4 borage flowers · 1 orchid · 4 pansies

Method for the curd or *mamia*: Bring the milk to the boil with a pinch of salt. Remove from the heat once it comes to the boil and add the red hot stones or iron rod. Take care that it doesn't burn and when ready, remove and reserve. **For the jelly:** Cook all the ingredients together (except the gelatine) over a very gentle heat for an hour. Strain using a chinoise and add the soaked gelatine. Once the gelatine has dissolved, pour into individual glasses; the curd will be made in these glasses later. Set aside. **Final touches and presentation** Place the petals in the glasses and add two or three drops of natural rennet (you can buy this in pharmacies). Heat the milk to 50°C and pour into a jug. The waiter should place the glass in front of the diner and pour in the 50°C milk. The milk will set, as if by magic, in two minutes. The inspiration for this dish came from a mistake. It gave us the idea to set the milk in front of the diner, a feat we achieve due to the heat of the milk when it is mixed with the rennet.

Calanda drum

Ingredients for 4 people · For the granita: 250g peach skin, flesh and stones · 50g sugar · 250g water · **For the cream:** ½kg peaches (no skin or stones) · 50g water · 50g sugar · **For the 'skin':** ½kg peaches (no skin or stones) · 250g water · 250g sugar · **For the garnish:** Cubes of peach flesh · 8 green almonds · Lavender flowers

Method for the granita: Boil all the ingredients together over a low heat for 25 minutes. Strain and freeze. Make the granita by scraping the frozen surface. **For the cream:** Roast the ingredients for 25 minutes at 170°C. Then blend in the Thermomix and strain. When cold, transfer the resulting cream to a siphon. **For the 'skin':** Cook the ingredients for 25 minutes over a low heat. After 25 minutes, strain and blend in a Thermomix. Spread a thin layer onto a Silpat baking mat and dry in the oven for 60 minutes at 60°C. Then cut into circles that are one centimetre wider than the bowl to be used for plating up. **Final touches and presentation** Place the granita in the bottom of the bowl and cover with the peach cream. Top with the almonds and the cubes of peach. Cover the bowl with the 'skin' and finish off with some lavender leaves. **Note** This dessert was designed in honour of the city of Calanda, which, in addition to being the hometown of the filmmaker Luis Buñuel, is famous for its drums and, above all, from a gastronomic point of view, for the quality of its peaches.

Rhubarb sorbet with frosted herbs

Ingredients for 4 people · For the grenadine curd: 1l sheep's milk · 250g grenadine · **For the rhubarb sorbet:** 300g sugar · 100g water · 500g stalks of ripe rhubarb · 1 bottle of cava · 5g stabiliser per litre of infusion · 15-20g Resource · **For the pink peppercorn honey:** 300g honey · 3g water · 4g cracked pink peppercorns · **For the frosted herbs:** 20g egg white · 20g glucose · Mint · Lemon balm · Marsh samphire · *Shiso* · Thyme flower · Rosemary flower · Iceplant · 40g sugar

Method for the grenadine curd: Whisk the sheep's milk in a saucepan together with the grenadine and then bring to the boil. Once it begins to separate, remove from the heat and strain through a chinoise until all the whey has been removed. Set aside. When the curd is cold, sieve it through a colander to give it a crumbly texture. **For the rhubarb sorbet:** Make a caramel with the water and sugar and, once it has a light golden colour, add in the rhubarb. Deglaze with the cava, leave to cook for 20 minutes and strain. Once cool, add the stabiliser and the Resource and mix in the Thermomix. Strain and churn in the ice-cream maker. **For the pink peppercorn honey:** Mix the honey, the water and the pink peppercorns and leave to rest for a day in the refrigerator. Strain. **For the frosted herbs:** Whisk the egg whites together with the glucose and warm gently to 40°C. Coat the leaves with this mixture using your fingers. Then dip immediately into the sugar and leave to rest on a Silpat baking mat in a dry place. **Final touches and presentation** Pile the curd up into a little mound and top with the frosted herbs. Garnish with a scoop of the sorbet and serve the honey separately in a little jug.

Gypsy roll with leche merengada and blackberry sauce

Ingredients for 4 people · For the sponge: 6 eggs · 210g sugar · 150g flour · 25g cocoa · **For the filling:** 115g butter · 120g 70% chocolate · 25g sugar · 3 eggs · 1 egg yolk · **For the blackberry sauce:** 50g water · 30g sugar · 300g blackberries · **For the *leche merengada* (a kind of

milkshake traditionally made using egg whites): 3g cinnamon stick · 1g lemon rind · 70g sugar · 4 sheets leaf gelatine · ½l milk · **For the** *leche merengada* **sprinkles:** 50g table sugar · 2g powdered cinnamon · 2g grated lemon rind

Method for the sponge: Whisk the eggs in an electric mixer together with the sugar, then add in the flour and the cocoa. Once mixed, bake in a rectangular mould at 180°C for 15 minutes; leave to cool and then freeze. **For the filling:** Melt the butter and the chocolate together, then mix in the eggs and the sugar. **To make the gypsy roll:** Slice the sponge using the number 2 setting on your food slicer, then spread it with the chocolate filling and roll it up. Freeze. **For the blackberry sauce:** Boil all the ingredients together for 5 minutes, then strain and reserve. **For the** *leche merengada:* Leave the ingredients in the refrigerator for 24 hours. Dissolve the gelatine in ¼ of the milk. Once you have taken this gelatine and milk mixture off the heat, you can add in the rest of the milk. Whisk in the electric mixer and, when ready, pour into a rectangular mould and freeze. **For the** *leche merengada* **sprinkles:** Mix all the ingredients together and set aside. **Final touches and presentation** Cut the *leche merengada* using a round 5cm mould and cover with the sprinkles. Brush the gypsy roll thoroughly with butter, sprinkle with icing sugar, and then sear in a non-stick pan. Pour the blackberry sauce into the centre of a plate, then place the *leche merengada* to one side and the roll to the other.

Liquor fruit ravioli with apple soup

Ingredients for 4 people · For the fruit paper: Peach paper: 1kg ripe peaches · 200g water · Sugar · **Banana paper:** 1kg peeled bananas · Sugar · **Pineapple and sweet potato paper:** 800g strained natural pineapple juice · 250g raw sweet potatoes, peeled · 35g powdered pineapple · **For the fillings: Peach filling:** 180g peach liqueur · 20g water · 15g Resource · **Banana filling:** 160g banana liqueur · 30g water · 15g Resource · **Pineapple filling:** 100g pineapple liqueur · 100g pineapple juice strained through a coffee strainer · 15g Resource · **For the apple soup:** 600g liquidised apple juice · 2g lime peel · 17g Resource · **For the beurre noisette:** 50g butter · **For the garnish:** Lemon basil · Icing sugar

Method for the fruit paper: Peach paper: Chop the trimmed peaches, then place on a tray and sprinkle with the sugar. Bake in the oven at 180°C until caramelised. Halfway through cooking, deglaze the tray with water to loosen all the caramelised juices. When the peaches are done, blend and strain through a colander. Once strained, spread the mixture onto a Silpat baking mat and leave to dry in the dehydrator for approximately one day at 60°C. When dry, remove the resulting sheet from the dehydrator and cut into ravioli using a 6cm fluted pastry cutter. Add in the peach filling just before serving. Do the same with the rest of the ravioli. **Banana paper:** Slice the bananas and arrange on a tray. Place this tray in the steam cooker for 4 minutes at 119°C. Once cooked, drain well and blend, add sugar if necessary, and strain through a fine sieve. Then spread onto a Silpat baking mat and dry in the dehydrator as with the peach paper. **Pineapple and sweet potato paper:** As before, slice the trimmed pineapple and cook in a steam cooker at 119°C for 6 minutes. The slices should be uniform to ensure that they cook evenly. Once cooked, set aside. Meanwhile, peel the sweet potatoes, chop into small pieces and cook for 4 minutes in the steam cooker at 119°C. As soon as they are done, drain well and add to the pineapple. Blend the two together, and once well mixed, add in the powdered pineapple and mix once more. Strain, spread onto a Silpat baking mat and dry. **For the fillings: Peach and banana fillings: :** Pour the liqueurs into individual jugs and add Resource and water to each. Blend each mixture thoroughly using a hand blender and set aside. Follow the same process for each of the fillings. **Pineapple filling:** Mix the pineapple juice with the Resource and set aside. Take care to mix well and ensure there are no lumps. **For the apple soup:** Heat the apple juice over a low heat together with the lemon rind and, as soon as it starts to boil, turn off the heat and leave to rest. Strain through a chinoise, then thicken 500 grams with the Resource. Set aside. **For the beurre noisette:** Heat the butter, allowing it to melt completely, then leave on the heat until it is clarified and the milk solids begin to burn. This will give you a beurre noisette, which you should remove from the heat as soon as it has the desired colour. Then strain and reserve. **Final touches and presentation** Sprinkle the ravioli with icing sugar and arrange in the bottom of a dish with a few leaves of lemon basil and some drops of beurre noisette. Serve with a little jug of the apple soup and pour onto the dish in front of the diner.

Edible aromas of port

Ingredients for 4 people · For the 'earth' flavour: 250g beetroot juice · 25g powdered egg white · 1,16kg isomalt sugar · 345g water · 115g glucose · 20 leaves gelatine · **For the cocoa flavour (the** *bolao***):** 500g sugar · 200g water · 30g Royal icing · 100g 74% chocolate · 25g cocoa butter · **For the forest fruits flavour:** 100g strawberries · 50g sugar · **For the brioche:** 100g brioche dough

Method for the 'earth' flavour: Whisk the powdered egg whites together with the beetroot juice. Meanwhile, prepare a caramel from the isomalt sugar, the water and the glucose (121°C), then gradually add in the whisked beetroot, and leave to cool a little. Once it has cooled slightly, add in the liquid gelatine and leave to cool fully. Spread the mixture out onto a Silpat baking mat sprinkled with cornflour and dry in the oven at 50°C for 24 hours. **For the cocoa flavour (the** *bolao***):** Boil the water and the sugar together to 140°C, add in the royal icing and mix as it begins to rise. Pour immediately into a deep rectangular mould and bake in the oven at 150°C for 4 minutes. Once cool, cut into irregular pieces. To make the coating, heat the chocolate together with the butter. Once they have melted, take the *bolao* pieces and dip them into the mixture. Drain very well and set aside. **For the forest fruits flavour:** Heat the strawberries together with the sugar, leave to cook, blend and set aside. **For the brioche:** Make a 12 gram ball from the brioche dough and cook in the steam cooker for 9 minutes at 90°C. Then fry in oil at 180°C and reserve. **Final touches and presentation** Using a syringe, fill the brioches with the forest fruits sauce and set aside. Chop the 'earth flavour', then dip in liquid nitrogen for 10 seconds before transferring to the plate. Similarly, dip the 'cocoa flavour' chunks into the liquid nitrogen, leave for a couple of seconds and then arrange on the plate. Add some drops of the forest fruits sauce. When the dish arrives in front of the diner it should be giving off smoke (due to the nitrogen).

Peach in syrup

Ingredients for 4 people · For the peach: 200g peaches · 25g butter · 50g sugar · 100g peach juice · **For the coating:** 100g cocoa butter · 1 bottle of coloured cocoa butter spray · **For the French toast:** 50g milk · 10g cherry liqueur · 10g sugar · 1 egg · 100g cherry brioche · **For the syrup:** 500g water · 50g eucalyptus sweets · 150g fresh lemongrass · 1.5g xanthan gum · **For the presentation:** Calendula petals · Mint leaves

Method for the peach: Place the chopped peaches on a tray with the butter and sugar and roast in the oven at 190°C for 20 minutes. Add in the juice, then blend and strain. Pour the resulting purée into some hemispherical Silpat moulds and place in the freezer for 24 hours. Once well frozen, remove the false peach halves from their moulds and stick together. Cut a notch lengthways, to replicate the appearance of a peach. Set aside. **For the coating:** Coat the false peach in the liquid cocoa butter (45°C), then leave to set and spray with the food colouring. Leave to defrost in the refrigerator. **For the French toast:** Whisk the milk together with the liqueur, sugar and egg. Soak the brioche in this mixture for a few minutes and then sear in a pan until golden on all sides. **For the syrup:** Heat the water, then add in the eucalyptus sweets and allow to melt. Add in the bruised lemongrass and leave to infuse. Once cold, strain the liquid through a chinoise and thicken with the xanthan gum. Set aside. **Final touches and presentation** Place the peach in a glass preserving jar and fill with the perfumed syrup. Add the calendula petals and mint leaves. Arrange the cherry French toast in a deep dish. In the dining room, the waiter should remove the peach from the jar of syrup in front of the diner and place it next to the French toast. They should also pour two ladles of the syrup into a small glass, so that it can be drunk. The diner is advised to break the mini peach open by tapping it with the back of their spoon.

Strawberry cream with frozen yoghurt pearls

Ingredients for 4 people · For the strawberry cream: 500g cream · 500g strawberries · 200g sugar · **For the strawberry *crema cuajada*:** 500g strawberry cream · 120g egg yolk · 2g natural red food colouring · Brown sugar for caramelising · **For the liquid strawberry pearls:** 200g strawberry purée · 25g strawberry liqueur · Liquid nitrogen · Red cocoa butter spray · **For the frozen yoghurt pearls:** 100g Greek yoghurt · Liquid nitrogen · **For the presentation:** Brown or moscovado sugar for caramelising · 10 fresh blueberries

Method for the strawberry cream: Infuse the cream with the chopped strawberries and sugar and leave to cook for 45 minutes over a very low heat. When ready, remove and strain, pressing the strawberries down firmly to squeeze out all of their flavour. Set aside and leave to cool. **For the strawberry *crema cuajada*:** Mix the strawberry cream together with the egg yolks and a few drops of the food colouring. Strain and pour into the dish it will be served in. Then cook in the steam cooker for 30 minutes at 90°C and when ready, remove and set aside. **For the liquid strawberry pearls:** Place the strawberry liqueur in a squeeze bottle along with the fresh strawberry pulp and squeeze some drops into the liquid nitrogen. Once the drops are well frozen, transfer to a colander and coat with the red coloured cocoa butter spray. Place in the freezer and remove just before serving. **For the frozen yoghurt pearls:** Pour the yoghurt into a squeeze bottle and squeeze some drops into the liquid nitrogen. As soon as the pearls are well frozen, remove and store in the freezer until it's time to serve. **Final touches and presentation** Caramelise the top of the strawberry *crema cuajada* using a blowtorch and some brown sugar, as if it were a crème brûlée. Top the caramelised sugar with the liquid strawberry pearls coated in cocoa butter; these will turn to liquid as they defrost. Finally, add the little yoghurt pearls and the fresh blueberries.

Peach flower

Ingredients for 4 people · For the peach flower: 4 peaches · 500g 50/50 syrup · 5 drops red food colouring · 50g lactitol · **For the roasted peaches:** 4 peach halves, attractive and ripe · 100g sugar · 50g butter · **For the roasted peach sorbet:** 200g roasted peach scraps · 35g sugar · 200g peach juice · 15g peach liqueur · **For the tiger nut milk:** 500g soaked tiger nuts · 500g water · 50g sugar · Reserve 10 tiger nuts for grating or slicing

Method for the peach flower: Slice the peaches using a food slicer on the number 1 setting. Make a red syrup using the 50/50 syrup and a few drops of the red food colouring and then immerse the peach slices in it. Leave to macerate for 4 hours. Once the peach slices have taken on the red colour, drain well and arrange on a Silpat baking mat to dry. Once they are dehydrated, reserve. Melt the lactitol. Meanwhile, warm the peach slices in a pan over a medium heat so that they become flexible. Then roll them into petal shapes and use the lactitol to stick them together to make a flower. **For the roasted peaches:** Slice each peach in half. Place these peach halves onto a mixture of melted butter and sugar and roast in the oven at 180°C for 12 minutes. Remove the skin as soon you take them out of the oven, and then reserve. **For the roasted peach sorbet:** Place the peach flower scraps and any roasted peach leftovers in the oven together with the butter and the sugar. Once these have coloured, deglaze with the liqueur and the peach juice and allow to reduce. Remove from the oven, blend, strain and pour into a Paco Jet beaker. Once frozen, churn. **For the tiger nut milk:** The night before, place the tiger nuts in the milk to soak. Drain before using, then add to the water and the sugar. Blend and strain, pressing down firmly to ensure that you squeeze out as much of the flavour as possible. Store in the refrigerator until needed. **Final touches and presentation** Arrange a warmed, roasted peach half on a plate next to some grated or sliced tiger nut, and place some roasted peach sorbet on top. Finish off with the crispy peach flower. Accompany with a little jug of cold, and very frothy, fresh tiger nut milk. The waiter should pour the tiger nut milk at the table, around the peach.

Lime-lemon

Ingredients for 4 people · For the lime: 3g lime zest · 100g clarified Granny Smith apple juice · 10g sugar · 4 small party balloons · Liquid nitrogen · **For the rum sauce:** 50g cane sugar · 50g aged rum · **For the coconut cream:** 100g cream · 65g soluble coconut powder · **For the lemon cream:** 250g water · 100g sugar · 25g honey · 10g lemon pith · 250g peeled yellow lemons · 100g peeled lime · 15g lemon zest

Method for the lime: After infusing the apple juice for 24 hours with the sugar and the zest, strain and pour into a siphon. Fill the balloons with this juice and immerse for 1 minute in nitrogen, turning constantly. Then remove the balloon and empty the spheres by making a small hole in the base. Place in the freezer. **For the rum sauce:** Mix the rum with the sugar and reduce over heat. Once it has the desired consistency, remove and leave to cool. **For the coconut cream:** Mix both ingredients and whisk three quarters. Keep in the refrigerator until it is time to plate up. **For the lemon cream:** Empty the ingredients into a liquidiser and blend for 5 minutes. Strain well and thicken with the Resource. Set aside in a very cold place. **Final touches and presentation** Remove the lime from the freezer, spray with green food colouring and fill with the lemon cream. Spoon a quenelle of the whipped coconut cream onto the plate, flatten in the centre and place the filled lime on top, along with a few drops of the rum sauce.

recetas

APERITIVOS

Amenitie's Akelaŕe

Ingredientes para 4 personas · Para el gel de tomate: 100 g de agua de tomate clarificada · 5 g de *resource* · 3 hojas de albahaca fresca · Sal · Pimienta. **Para la esponja de cebolla:** 12 g de harina de trigo · 6 g de harina de almendra · 27 g de leche · Sal · 1 g de azúcar · 14 g de cebolla pochada · 3 g de aceite de oliva · 15 g de huevo pasteurizado · **Para la crema de Idiazábal:** 40 g de queso Idiazábal · 100 g de agua · 27 g de almidón de maíz · **Para las sales de baño:** 1 lámina de obulato (papel comestible a base de fécula de patata) · 20 g de arena de gambas · 7 g de camarón deshidratado · **Para el cóctel de cava:** 3 g de granada fresca natural · 2 g de zumo de granada reducido · 100 g de cava

Modo de actuar para el gel de tomate: Se infusiona la albahaca con el jugo de tomate en frío durante 2 horas, retiramos la hoja y se le da sazón. Tras ello, se liga con el *resource* y se pone en un bote. **Para la esponja de cebolla:** Mezclamos todos los ingredientes en un bol, trituramos y, tras colar, se lleva al sifón con dos cargas. Se rellena un vaso de plástico hasta la mitad, perforamos su base con unos cortes diagonales y se pasa 1 minuto por el microondas a 800 vatios de potencia. Se recorta por último en forma de esponjita y seca 20 minutos en el horno a 80°C, para que quede crujiente. **Para la crema de Idiazábal:** Lo primero es cortar el queso en dados de 1 centímetro, aproximadamente. Con el agua se cubre el queso y se deja hervir 10 minutos; trituramos luego, colamos y añadimos el almidón de maíz hasta levantar un hervor. Se cuela, llenamos los tarros de crema y se deja enfriar. **Para las sales de baño:** Tras freír un trozo de pan de gambas, se tritura y reserva mezclando con algunos camarones secos también triturados. Ponemos todo dentro de un envuelto de obulato y se sella con la ayuda de una máquina de sellar plástico por calor. **Para el cóctel de cava:** Disponemos dentro del frasco los tres gramos de granada, seguido el zumo de granada y el cava, se tapa y mantiene en frío. **Final y presentación** Colocamos sobre una pizarra pequeña un bote de gel de tomates y albahaca, a su lado una esponja de cebolla, seguido por la crema de Idiazábal con una cucharita y las sales de baño frente a ella; por último, se presenta el frasco con el cóctel con un vasito por encima. **Orden de degustación:** Gel de tomate Esponja de cebolla Sales de baño Crema de Idiazábal Cóctel de cava de bienvenida.

Caja de bombones

Damero de piquillo y aceituna

Ingredientes para 4 personas · Para la masa de piquillo: 125 g de harina · 87,5 g de mantequilla · 37,5 g de puré de piquillos · 3 g de sal · 1,5 g de azúcar · **Para la masa de aceitunas:** 125 g de harina · 87,5 g de mantequilla · 37,5 g de puré de aceituna negra · 3 g de sal · 1.5 g de azúcar

Modo de actuar La elaboración es la misma para ambas masas, que mezclan todos los ingredientes y se trabajan hasta que estén bien incorporados. Acondicionamos dentro de un molde de terrina y se deja enfriar la masa; una vez que esté dura, se cortan tiras de ambas masas y se colocan una sobre otra alternando los colores. Cortamos en rebanadas de 0,5 centímetros y se hornean a 180°C unos 12-15 minutos.

Polvorón de alcachofa

Ingredientes para 4 personas · Para la alcachofa frita: 6 alcachofas enteras · Aceite para freír · **Para el polvorón:** 50 g de maltrodextrina · 50 g de almendra frita molida · 80 g de aceite de girasol

Modo de actuar para la alcachofa frita: Bien limpias las alcachofas, se cortan en juliana, fríen y se reservan. **Para el polvorón:** Fritas con el aceite de girasol, las alcachofas se trituran y juntan en un bol con los demás ingredientes. Se trabaja al fin todo junto, hasta lograr una pasta de polvorón. **Final y presentación** Apartamos 5 gramos de la masa de polvorón, se depositan en el papel cebolla y se cierra como si fuera un caramelo.

Rulo de morcilla

Ingredientes · Para el rulo de morcilla: 2 rebanadas de pan de molde (10 cm de ancho y 12 cm de largo) · **Para el relleno del rulo de morcilla:** 200 g de morcilla de cebolla tradicional de Beasain · 150 g de cebolla limpia en juliana · 1 huevo batido entero (50 g) · Aceite para freír

Modo de actuar para el rulo de morcilla: Semicongelamos el pan de molde y, cuando esté duro pero maleable, se corta en la máquina cortafiambres. Se reserva, hasta que se descongele, con un papel por encima para evitar que se seque. Hacemos los cortes al número 1, quedando rebanadas de unos 10 centímetros de ancho y 12 centímetros de largo. **Para el relleno del rulo de morcilla:** Cocinamos en una sartén la cebolla con aceite de oliva, hasta que esté bien caramelizada; una vez lista, se escurre y se reserva. Dentro del horno se asa la morcilla en una bandeja, se pela nada más se vea dorada y se tritura junto con la cebolla y el huevo en la Thermomix; se cuela y se deja reposar. Cuando esté fría, retiramos el exceso de grasa. Untamos a continuación la crema de morcilla sobre el pan extendido, se enrolla apretando muy bien para formar los rulos, se reserva y se congela para que conserve bien su forma. **Final y presentación** Preparamos el rulo de morcilla congelado, lo cortamos por la mitad y freímos en aceite bien caliente. Se deja escurrir sobre papel absorbente y se sirve caliente.

Zurrukutuna

Ingredientes para 4 personas · Para la crema de *zurrukutuna*: 100 g de bacón · 80 g de corteza de pan *zopako* · 20 g de pulpa de pimiento choricero · 250 g de bacalao desmigado · 20 g de aceite de ajos · Sal **Para el aceite de ajo:** 100 g de aceite de oliva · 4 dientes de ajo · **Para la corteza crujiente:** 6 tripas de bacalao limpias · 6 cortezas de trigo · **Para la presentación:** 1 clara de huevo

Modo de actuar para el aceite de ajo: Tras echar los ajos majados dentro del aceite, calentamos y se deja enfriar. Se cuela y ya se puede utilizar o se reserva. **Para la crema de *zurrukutuna*:** Luego de marcar el bacón en una sartén, se dora bien y se escurre la grasa. Se le añade luego el pan *zopako* y la pulpa de choricero. Cuando tenga todo un tono doradito, se incorpora el bacalao y se mezcla uniformemente. Se retira del fuego y poco a poco se va agregando el aceite de ajo, mezclando el conjunto con movimientos circulares para ligar tipo pilpil. Al punto de sazón, se tritura y se rellenan los moldes. Se lleva al congelador. **Para la corteza crujiente:** Las tripas de bacalao se llevan al horno para que se deshidraten; una vez listas, se trituran aparte. Trituramos igualmente las cortezas de trigo, que se mezclan con de las de bacalao al 50%. Se reserva. **Final y presentación** Con la crema de *zurrukutuna* congelada se van haciendo porciones, se rebozan en el polvo de cortezas y se fríen. Se escurren del aceite y se colocan en la caja.

MENÚ ARANORI

Gambas con vainas al fuego de orujo

Ingredientes para 4 personas · Para las gambas: 16 gambas blancas, frescas y hermosas · **Para la arena de gambas:** 25 g de cáscaras de gambas · 25 g de arroz · 100 g de agua · **Para la salsa de vainas:** 100 g de vainas (judías verdes) · 10 g de *resource* · 5 g de aceite de oliva virgen · **Preparación de las piedras:** 4 piedras volcánicas · 200 g de alcohol de vino · **Para la presentación:** 3 ramitas de tomillo seco · Hojas de ombligo

Modo de actuar para las gambas: Bien limpias las gambas, se les quita la piel y se les deja la cabeza y la última anilla junto a la cola. Se reservan. **Para la arena de gambas:** Una vez cocidos los ingredientes a fuego lento durante 25 minutos, se trituran, se cuela todo y se estira sobre un *silpat*. Se seca en el horno a 60°C durante 1 hora. La corteza que resulte se sufla friéndola en aceite muy caliente, se rompe y se machaca hasta lograr la textura de arena. Se reserva. **Para la salsa de vainas:** En la plancha o en una sartén antiadherente se marcan bien las vainas por ambos lados, se licuan, se cuela el resultado y se liga con el aceite y el *resource*. Se reserva. **Preparación de las piedras:** Disponemos las piedras en un recipiente, se cubren de alcohol y se mantienen empapadas. Se hacen con un pelador unas tiras de vaina muy finas, se escaldan en agua hirviendo y se dejan enfriar. Se reservan enrolladas. **Final y presentación** Colocamos las piedras escurridas en una cazuela de hierro, encima las gambas y las ramitas de tomillo en los huecos entre las piedras. En un plato aparte se pone la arena de gambas y sobre esta se reparte la salsa de las vainas templada. Al lado, se presentan los rollitos de vainas y las hojas de ombligo. Cuando el camarero llega a la sala, delante del cliente le da fuego a las piedras de la cazuela y mantiene la tapa a un par de centímetros de la misma, de tal manera que el fuego empieza a cocinar las gambas y a calentar las vainas. Una vez las gambas están ya blancas, se apaga el fuego con la tapa de la olla y, con esta cerrada, se dejan reposar 1 o 2 minutos para que se impregnen de calor. Abrimos la olla y, con unas pinzas, se colocan las gambas en el plato que contiene el resto de acompañamientos. Como hay que comerlas con las manos, ponemos una toallita preparada, que hidratamos con agua de jengibre.

Moluscos en la red del pescador

Ingredientes para 4 personas · **Para la red:** 50 g de arroz cocido · 25 g de camarón mini de Cádiz · 10 g de lechuga de mar · **Para colocar sobre la red:** 4 flores de borraja · 8 briznas de alga · **Para la crema de arroz:** 20 g de cebolla · 2 g de ajo · 50 g de arroz · 100 g de agua · 200 g de agua de moluscos · **Para la crema de borraja:** 25 g de hojas de borraja · 50 g de agua · 2 g de *resource* · **Para los tallos de borraja:** 2 tallos de borraja · **Para los moluscos:** 4 ostras · 4 navajas · 8 percebes · 4 zamburiñas · 8 berberechos · 8 mejillones de roca

Modo de actuar para la red: Trituramos el arroz cocido y se cuela. Se llena una manga de boquilla fina y se dibujan sobre un *silpat* las redes, poniendo sobre ellas los camarones y las lechugas de mar. Se seca en la estufa a 50°C durante 5 horas. A la hora del pase, se fríe en aceite caliente y se distribuyen por encima las flores de borraja y las briznas de alga. **Para la crema de arroz:** Cortados en *brunoise*, se rehogan la cebolla y el ajo, se les añaden el arroz y el agua y se cuecen en el horno a 250°C, durante 13 minutos, o sobre el fuego. Se tritura en la Thermomix junto con el agua de moluscos. Se reserva. **Para la crema de borraja:** Una vez escaldadas, las hojas de borraja se pasan en frío por la Thermomix y se ponen a punto de sazón. Se cuela todo y el resultado se liga con el *resource*. **Para los tallos de borraja:** Pasamos los tallos de borraja por la vaporera a 119°C durante 24 segundos. Al retirarlos, se limpian y se marcan en la plancha. **Final y presentación** Sobre la base del plato se reparte la crema de borraja, se cubre con la crema de arroz y encima se coloca la ostra marcada a la plancha. Abrimos luego los moluscos sobre las brasas de carbón, se desconchan y se disponen sobre la crema de arroz junto con los tallos de borraja. Por último, arropamos todo con la red.

Carpaccio de pasta, piquillo e ibérico con setas y parmesano

Ingredientes para 4 personas · **Para el *carpaccio*:** 100 g de pasta fresca natural, reposada · 50 g de papel de piquillo · **Para el sabor ibérico:** 10 g de grasa de ibérico · **Para las setas:** Selección de setas pequeñas de temporada · **Para el parmesano:** 4 lascas de queso parmesano · **Para la presentación:** Rúcula fresca · Trufa fresca

Modo de actuar para el *carpaccio*: Para estirar la pasta, se hace con la ayuda de unos rodillos o de la máquina de estirar pasta. Después de llegar al numero 2, colocamos entre dos láminas de pasta unas hojas de papel de piquillo y se pasa a modo de sándwich de nuevo por la máquina hasta alcanzar el número más pequeño de esta. El papel queda así integrado en la masa. Se reserva. **Para la grasa de ibérico:** Reservamos un poco de la grasa de cocción de la panceta de ibérico. **Para las setas:** Tras seleccionar y limpiar las distintas setas que se quieran servir, se saltean y reservan para el montaje. **Para las lascas de parmesano:** Ayudados de un pelador, se cortan unas virutas o lascas de queso parmesano. Se reservan. **Final y presentación:** Ponemos una olla con caldo de ibérico a hervir y se cuece en ella la pasta de piquillos durante 1 minuto, aproximadamente; seguido de esto se retira y se colocan sobre la misma las distintas setas seleccionadas y salteadas, las lascas de queso y unas láminas de trufa fresca junto con unos brotes de rúcula selvática.

Callos de bacalao

Ingredientes para 4 personas · **Para el bacalao:** 120 g de bacalao desalado · **Para los callos de bacalao:** 200 g de callos de bacalao desalados · **Para la crema de bacalao (falsos callos):** 1 diente de ajo · 170 g de recortes de bacalao · 170 g de recortes de callos de bacalao · 500 g de agua · 45 g de gelatina vegetal (por cada 900 g de crema de bacalao) · **Para el aceite de bacalao:** 1 l de aceite de oliva · 200 g de bacalao salado · **Para la salsa de los callos:** 500 g de agua de tomate clarificada · 150 g de aceite de ajo · 2 clavos · 1 hoja de laurel · 10 g de pimienta negra entera · 25 g de *resource* · **Para la decoración:** Pimentón picante y dulce · Tomate en polvo

Modo de actuar para el bacalao: Después de cortar los trozos de bacalao, se reservan los recortes. **Para los callos de bacalao:** Cocinamos los callos de bacalao y se dejan hervir 5 minutos. Cuando pase este tiempo, se retiran del fuego y se dejan enfriar en su propia agua; limpios y recortados, se reservan. Los callos que utilizaremos se apartan a un cazo con un poco de aceite de bacalao y caldo de callos. **Para la crema de bacalao (falsos callos):** El ajo se marca y, una vez bien dorado, se agregan los trozos de bacalao y los trozos de los callos. Se deja cocinar y se moja con el agua de la cocción de los callos, se deja cocer y cuando esté listo se tritura y se cuela. También se incorpora la gelatina vegetal, levantamos un hervor y se vierte la crema de bacalao sobre la bandeja con textura arrugada de callos. Nada más cuaje en el frío y esté dura, se hacen los cortes. Se reserva. **Para el aceite de bacalao:** Retiramos el exceso de sal a los trozos de bacalao en salazón y se escurren muy bien. Se vierte el aceite de oliva y se calienta, se tritura y se cuela. Con este aceite se mojan los callos naturales de bacalao y se pinta el plato, para que los falsos callos no se peguen al plato al calentar. **Para la salsa de los callos:** Mezclamos el agua de tomate, el aceite de ajos y las especias: clavos, laurel y pimienta. Se deja luego infusionar y, nada más esté aromatizado, se cuela y se le incorpora un refrito de ajos. Se liga con *resource* y se reserva hasta el momento de servir. **Final y presentación** Tras marcar el bacalao en una sartén bien caliente con un poco de aceite de bacalao, recién listo se deposita sobre el plato justo al momento de servir. Se pinta el plato con un poco de aceite de bacalao y se dispone sobre el mismo los falsos callos de bacalao; se expone así preparado al calor, para que tome temperatura. Bañamos con la emulsión de salsa de callos aromatizada, se reparten los callos sobre la misma y terminamos con el bacalao. En un borde del plato se espolvorea algo de la mezcla de pimentón con el polvo de tomate.

Salmonete integral con *fusili* de salsas

Ingredientes para 4 personas · 4 salmonetes, de 170 g cada uno · **Para el praliné de sus espinas:** 4 cabezas limpias de salmonete, con su espina y aletas · 200 g de aceite de oliva · **Para la majada de hígado:** 4 hígados de salmonete · 30 g de cebolla picada muy fina · 40 g de aceite de oliva · **Para los *fusilis*:** ½ l de agua · 50 g de gelatina vegetal · Espirales de sacacorcho · **Para la salsa de ajo:** 2 dientes de ajo · 20 g de aceite de oliva · 40 g de leche · 10 g de *resource* · **Para la salsa de perejil:** 30 g de perejil limpio · 100 g de agua · 6 g de *resource* · **Para la salsa de soja:** 25 g de salsa de soja · 10 g de agua · 8 g de *resource* · **Para decorar:** Flor de cebollino ·

Modo de actuar para el praliné de sus espinas: Dejamos limpias las cabezas de salmonete: se retiran los ojos y las agallas y, también, se limpian la espina y las aletas. Bien seco todo, se fríe dentro del aceite caliente; y, cuando se vea de un tono dorado, se retira y se tritura. Una vez triturado, se guarda cubierto de un poco de aceite de oliva. **Para la majada de hígado:** Los hígados ya limpios se pasan por un chorro de agua y se marcan a la plancha, hasta que tomen color. Se colocan de seguido en un mortero y se majan con unas gotas de aceite. Aparte se pica la cebolla bien fina y se fríe en aceite bien caliente; cuando luzca ya dorada, se retira y se extiende sobre papel absorbente, para que se seque. Se mezcla en último lugar con el hígado majado y se reserva. **Para los *fusilis*:** Fundimos la gelatina en el agua, al fuego. Cuando hierva, se sumerge el sacacorchos en un recipiente con agua bien fría y se incorpora en la mezcla de la gelatina; después, se pone de nuevo en agua fría. Se desenroscan y se reservan. Se repite la operación hasta conseguir la cantidad de fusilis necesaria para cuatro personas (seis por persona, dos de cada). Estos fusilis se rellenarán con las diferentes salsas. Así, por medio de una jeringuilla, se inyectan dentro de cada *fusili*. Es importante que los purés estén muy bien colados, para de este modo evitar que se atasquen las agujas. **Para la salsa de ajo:** Hechos láminas los ajos, se doran en el aceite; cuando estén dorados, se cuelan y se infusionan con la leche. Nada más la leche haya tomado sabor, se cuela y se reserva. Esta leche se liga luego con el *resource*. **Para la salsa de perejil:** Blanqueamos el perejil en agua hirviendo y lo refrescamos en agua fría. Una vez bien escurrido, se rebaja con agua. Luego se tritura, se cuela bien y se liga con *resource*. **Para la salsa de soja:** Se mezcla el agua con la salsa de soja y se liga asimismo con el *resource*. **Final y presentación** Los filetes de salmonete se dejan marcados en una sartén antiadherente por la parte de la carne, se pinta la piel con el praliné de espinas y se terminan bajo la salamandra. Emplatamos dos *fusilis* templados de cada sabor y se les procura el adorno de unas miniquenefas de la majada de hígado con cebolla. En medio del plato se coloca el pescado y se culmina con las flores de cebollino.

Cordero con los posos del vino

Ingredientes para 4 personas · 1 lomo de cordero de 800 g, limpio de grasa · **Para los posos:** Crujiente: 100 g de arroz *Venere* · 1 l de agua · Aceite · **Para los cristales de vino:** 750 g de vino tinto · 75 g de azúcar · **Para la salsa de vino tinto crudo:** 500 g de vino tinto · 10 g de romero · 5 g de tomillo · 50 g de pasas de Corinto · *Resource* · **Para los hilos de té *matcha*:** 100 g de *isomalt* · 10 g de frambuesa liofilizada · 4 grosellas · 10 g de té *matcha* en polvo · **Para la presentación:** Jugo tradicional de cordero

Modo de actuar para los posos: Crujiente: Cocemos primero el arroz en agua durante 1 hora; luego, se tritura y tras colarlo se extiende en el horno a 60°C por espacio de 3 horas. Listo ya en forma de lámina seca, se fríe en aceite de oliva bien caliente hasta que sufle y se pone al instante a escurrir sobre papel absorbente. Por último, se reserva bien picado con un cuchillo muy fino. **Para los cristales de vino:** Tras reducir el volumen a 100 gramos, se junta en frío el vino con el azúcar y se lleva la mezcla todo un día a una estufa puesta a 40°C. Se reserva así preparado. **Para la salsa de vino tinto crudo:** Bien infusionado el vino con el romero, el tomillo y las pasas, pasadas 24 horas se retiran las hierbas. Trituramos así el vino con las pasas, colamos y se consigue la ligazón con *resource*. **Para los hilos de té *matcha*:** Con el azúcar *isomalt* fundido se hacen hilos sobre papel sulfurizado, se recorta en forma de rectángulo y se acompañan los frutos rojos liofilizados. Enrollamos en forma de canuto y se le da un espolvoreo con el té matcha en polvo. **Final y presentación** Se deja el lomo marcado a la brasa de carbón y, dispuesta una lágrima de salsa de vino crudo sobre el plato, se coloca este a un lado y el canuto de hilos caramelizados y té *matcha* al otro. En una botella fundida que haga las veces de fuente, se sirve el crujiente y sobre este los cristales de azúcar simulando los posos del vino. Se acompaña aparte un poco de jugo tradicional de cordero.

Paloma asada con un toque de mole y cacao

Ingredientes para 4 personas · Para la paloma: 1 paloma de 250-300 g, aprox. · **Para el mole:** 500 g de caldo de pollo · 250 g de pulpa de tomate asado en puré · 20 g de ajo asado en puré · 50 g de praliné de almendras tostadas · 10 g de cacao en polvo · 10 g de grué de cacao · 15 g de praliné de cacahuete · 30 g de galleta María · 30 g de chocolate negro · 2 g de guindilla en polvo · 4 g de chile chipotle seco triturado · 3 g de chile ancho seco triturado · 20 g de pulpa de choricero · 1 l de caldo de pollo · **Para el taco de carnitas de paloma:** 1 hoja de pasta filo · 30 g de patas guisadas de pichón picado a cuchillo · 5 g de maicena · 200 g de *glacé* de paloma · Hierbas aromáticas frescas · **Para la decoración del plato:** Cacao en polvo

Modo de actuar para la paloma: Limpiamos la paloma, reservando las pieles y las patas. Las pieles se ponen a cocinar en agua con sal, aproximadamente 2 horas, a fuego medio. Bien cocidas se escurren y se trituran, se pasan por un chino y se utiliza la mezcla para envolver la pechuga de paloma sazonada. Se envuelven y se reservan. Después de freír, las patitas se guisan con la cebolla y su jugo; se deja cocinar todo hasta que se muestren tiernas. Una vez listas, se desmenuzan y se agregan al caldo de su cocción junto con un poco de maicena, a modo de hacer un relleno para la pasta filo; se coloca de seguido sobre una bandeja y se deja cuajar. **Para el mole:** Ponemos al fuego una olla donde iremos marcando todos y cada uno de los ingredientes que tiene el mole: se empieza primero por los que son secos, para después agregar todos aquellos que tengan humedad. Se marcan bien los ajos con la cebolla y se acompañan las almendras, los chiles, el cacao, el *grué*, el praliné de cacahuete, galletas, etcétera. Nada más tener todo bien cocinado, se tritura y se deja reposar. Cuando se quiere terminar el mole, se toma una parte de la base de mole y se va mojando con caldo de pollo hasta que adquiera el cuerpo deseado en este punto; también se aporta el chocolate que sea necesario. **Para el taco de carnitas de paloma:** La preparación que hemos realizado se toma con las patitas de paloma, se hace un corte rectangular y se envuelve con la pasta filo. Se reserva. **Final y presentación** Marcamos a la sartén la paloma, al mismo tiempo que el taco de carnitas de paloma, y con un poco de cacao en polvo se dibuja el plato con la ayuda de una plantilla perforada. Por encima se reparten unas gotas de mole con sésamo, junto con el taco de carnitas. Luego, se corta la paloma y se colocan las dos mitades. Sobre el taco de paloma se adorna con unas cuantas flores aromáticas.

Xaxu con helado espumoso de coco

Ingredientes para 4 personas · Para el *xaxu*: 35 g de praliné de almendra cruda · 35 g de praliné de almendra tostada · 135 g de yema de huevo pasteurizada · 25 g de azúcar · Aceite de oliva para freír · **Para el helado espumoso de coco:** 500 g de leche de oveja · 5 g de sucro · 150 g de coco soluble · 10 g de *resource*

Modo de actuar para el *xaxu*: Antes de nada, se mezclan los ingredientes con una varilla y se congelan en moldes con forma semiesférica. Una vez congeladas, las dos semiesferas se unen haciendo una bola. Se sumergen luego en aceite de oliva a 160°C y se fríen justo para que hagan costra exterior. Una vez fritas, se dejan descongelar por dentro. **Para el helado espumoso de coco:** Todos los ingredientes se juntan en el vaso de una batidora y se mezclan, se pasan a un sifón y este se vacía con cargas sobre una cubeta especial de vacío, habiendo multiplicado su volumen. Se le aplica el vacío a la cubeta con tapa especial, y cuando suba la espuma se para el vacío y se congela de inmediato. **Final y presentación** Una vez ligeramente caliente el *xaxu*, se coloca en medio del plato. A cada lado se pone un trozo del helado espumoso de coco, que cortaremos directamente de la cubeta al minuto. Tengamos en cuenta que la consistencia perdura muy poco. La densidad y dulzor del *xaxu* queda compensada con la ligereza y frescor de este helado etéreo y de potente sabor.

La otra tarta de manzana

Ingredientes · Para la lámina de manzana: 160 g de manzana granny smith cocida · 16 g de azúcar · **Para pegar la plantilla serigrafiada Akelaŕe:** 1 lámina de cacao serigrafiada · 10 g de manteca de cacao · **Para el hojaldre caramelizado:** 100 g de hojaldre · 30 g de azúcar · **Para la crema pastelera de manzana:** 500 g de zumo de manzana granny smith clarificado · 54 g de fécula de maíz · 100 g de azúcar · 85 g de yemas · **Para el praliné de hojaldre:** 100 g de hojaldre caramelizado · 10 g de mantequilla clarificada · **Para la salsa de semillas y sidra: Semillas cocidas:** 10 g de linaza oscura · 100 g de agua · **Reducción de sidra:** 200 g de sidra · 50 g de azúcar · 10 g de agua · 10 g de *resource* · **Para la presentación:** Flor de tagète

Modo de actuar para la lámina de manzana: Cocemos la manzana en trozos con el azúcar, pasando por la vaporera a 100°C durante 12 minutos. Se escurre a continuación muy bien y se tritura, se cuela y se estira sobre un *silpat*; por último, se deja secar 24 horas a temperatura de 30°C. Ya seca, se baña con un poco de manteca de cacao fundida y se pega sobre la misma la plantilla de Akelaŕe, se repasa con un rodillo para que se pegue bien y se reserva. **Para el hojaldre caramelizado:** El hojaldre se cuece entre dos placas, para que no suba, con el azúcar a 180°C y por espacio de 15-20 minutos. Se corta y se reserva. **Para la crema pastelera de manzana:** Mientras el zumo de manzana se pone al fuego junto con el azúcar, se mezcla aparte la fécula de maíz con las yemas. Cuando el zumo levante el hervor se agrega a la mezcla de yemas y fécula, se incorpora muy bien y se trabaja sobre el fuego hasta que tenga la textura deseada. **Para el praliné de hojaldre:** A los recortes de hojaldre aprovechados se añade la mantequilla clarificada líquida, se tritura y se reserva. **Para la salsa de semillas y sidra: Semillas cocidas:** Cuando el agua comience a hervir, se incorpora la linaza y se cuece durante 20 minutos a fuego medio. Se deja enfriar y se enjuaga. Se reserva. **Reducción de sidra:** Con agua y azúcar se hace un caramelo y, nada más esté rubio, desglasamos con la sidra y se ligamos con el *resource*. Se reserva. **Final y presentación** Sobre el plato se coloca un punto de crema pastelera de manzana para sujetar el primer hojaldre, por encima se extiende crema pastelera y otro trozo de hojaldre y se termina con un piso más de crema pastelera de manzana. Se cubre con dos papeles de manzana Akelaŕe y se adorna con la salsa de sidra y semillas y unos puntos de praliné de hojaldre. Decoramos con flor tagète, de toque acidulado.

MENÚ BEKARKI

Txangurro en esencia sobre *blini* de su coral y gurullos

Ingredientes para 4 personas · Para el *txangurro*: 1 buey de mar de 1,2 kg · **Para el caldo:** 200 g de patas de *txangurro* · 200 g de caparazón de *txangurro* · 400 g de agua · 100 g de sangre de *txangurro* · *Resource* · Sal · **Para los *blinis*:** 255 g de coral de *txangurro* triturado · 50 g de harina · 1 g de levadura en polvo Royal · 20 g de yema de huevo · Huevas de *txangurro* · Sal · 30 g de clara de huevo montada tres cuartos · **Para los gurullos (pasta hecha en forma de arroz):** 25 g de gurullos o risoni · 10 g de coral de *txangurro* cocido · 1 g de cebollino picado · 10 g de caldo de *txangurro* · **Para la decoración:** 2 flores capuchinas · 12 tallos de flor de capuchina

Modo de actuar para el *txangurro*: Pasamos el *txangurro* por el abatidor de temperatura y se pela reservando sus pinzas. **Para el caldo:** Tras calentar un caparazón con las patas y el agua fría, se hierve 5 minutos; se cuela de seguido y se añade la sangre. Se pone al fuego a hervir suave otros 5 minutos, para que se clarifique. Ligamos con *resource*, rectificamos de sal y se reserva. **Para los *blinis*:** Mezclados todos los ingredientes, se cuela y se incorporan las claras montadas al final. Con algunos aros hacemos la cocción de la masa de los blinis en una sartén, de modo que cuando estén de un lado bien cuajados se retira el aro y se marcan por la otra cara. Se apartan del fuego y se reserva. **Para los gurullos:** Nada más secar el coral en una sartén a fuego suave hasta que cuaje, se pica y se saltea con un poco de aceite. Se añaden luego los gurullos cocidos junto con cebollino y caldo, se deja calentar y se reserva. **Final y presentación** Primero se marca la pinza del *txangurro* en la sartén con un poco de aceite; después, se pasan los blinis por la vaporera a 90°C durante 3 minutos. En el fondo del plato se coloca un poco de salsa de *txangurro*, el *blinis* por encima y, sobre este, la pinza dorada justo hecha en una sartén antiadherente. Se colocan los tallos y las flores de capuchina, y se sirve a un lado la pasta salteada con un poco de la carne desmigada del propio *txangurro* para acompañar.

Navaja con pata de ternera

Ingredientes · Para la pata de ternera: 1 pata de ternera · 1 cebolla · 2 zanahorias · 1 puerro · 10 granos de pimienta negra · 10 g de jugo de pollo asado · **Para la navaja:** 4 navajas · **Para la guarnición:** 80 g de setas coliflor frescas · 8 brotes de borraja o *shiso* · 200 ml de jugo de pollo

Modo de actuar: Para la pata de ternera: Cocemos la pata en agua junto con las verduras durante 6-8 horas y se deshuesa y se retira la piel junto con la carne, reservando solo los tendones de la pata y recortándolos del tamaño de la navaja. **Para la navaja:** Las navajas se ponen en bolsa termorretráctiles y escaldan en agua hirviendo por espacio de un minuto. Dejamos las bolsas en agua fría y se reservan las navajas. **Final y presentación** Después de marcar el tendón en la sartén, se desglasa con el jugo de pollo caramelizándolo; también, se marca la navaja en la plancha y la seta. En un plato rectangular se coloca el tendón a lo largo, en paralelo la navaja y justo entre estas se depositan las setas, salseando todo ello ligeramente con el jugo del pollo. Se colocan los brotes sobre esta. **Nota** Utiliza esta receta tres ingredientes: una carne y un molusco, unido por una seta coliflor (*Sparasis crispa*). El aspecto de la ternera y la navaja son muy similares, pero muy distintos en la boca, tanto en textura como en sabor. Tiene este plato como punto de unión una seta con la particularidad de poder contener salsa y aportar una textura crujiente.

Foie fresco a la sartén con escamas de sal y pimienta en grano

Ingredientes para 4 personas · Para el *foie*: 4 rebanadas de *foie* fresco, de 80 g c/u · Sal · **Para los granos de pimienta:** 85 g de harina de arroz negro Venere · 25 g de harina de tempura · 120 g de agua fría · 5 g de sal · Pimienta negra molida · Aceite de oliva · **Para las escamas de sal:** 50 g de lactitol · 20 g de fécula de maíz · Sal Maldon · **Para la salsa de vino dulce:** 250 g de vino blanco dulce fresco · 1 g de Xantana

Modo de actuar para el *foie*: Sazonamos el *foie* en crudo y se reserva. **Para los granos de pimienta:** Recién mezclados todos los ingredientes, se llevan a un biberón y se echan a gotas sobre nitrógeno líquido. Se cuelan por un colador y el resultado se fríe inmediatamente en aceite de oliva a 180°C, para que las gotas no pierdan su forma redonda. Se retiran y se dejan sobre papel absorbente. **Para las escamas de sal:** Disponemos el lactitol en un recipiente y se lleva al fuego, hasta 150°C. El caramelo resultante se estira entre dos papeles, y una vez frío se espolvorea con la fécula. Se reserva. **Para la salsa de vino dulce:** Se liga mezclando con una batidora el vino en crudo con Xantana, y se elimina el aire por medio del vacío y el reposo. **Final y presentación** El *foie* se dora por ambos lados en una sartén bien caliente, sin nada. Una vez está listo, se coloca en el plato y se sirve la salsa de vino alrededor del mismo. Como acompañamiento se ponen cristales de sal (caramelo de lactitol) y bolitas de pimienta (harina de arroz Venere) en unos recipientes aparte. El camarero servirá sobre el *foie* la sal y la pimienta abundante delante del cliente, provocando una sorpresa. ¡Me han fastidiado el plato! Y explicándole después de qué se trata.

Huevos fritos con guisantes y mini-verduras

Ingredientes para 4 personas · Para el huevo frito: 4 huevos · 100 g de harina de arroz · 500 g de aceite de oliva · Para los guisantitos lágrima: 100 g de guisantitos lágrima · 50 g de jugo de vaina de guisante · 5 g de *resource* · Sal · **Para la tempura:** 100 g de base de tempura preparada · 500 g de aceite de oliva · Para las miniverduras: 4 minizanahorias · 4 mininabos · 4 minipuerros · 4 minicebolletas · Harina

Modo de actuar para el huevo frito: Cocemos el huevo con cáscara durante 25 minutos a 65°C. Tras enfriar, se reserva. Al momento del pase se reboza con la harina de arroz y se fríe en abundante aceite de oliva, hasta que quede cubierto. **Para los guisantitos lágrima:** Después de saltear ligeramente los guisantitos con un poquito de aceite y sal, justo al momento se liga el jugo de las vainas cocidas con el *resource* y se reserva. **Para la tempura:** La masa de tempura mantenerla en un lugar frío hasta el momento de su utilización. **Para las miniverduras:** Cogemos las miniverduras por las hojas, se pasan por un poco de harina y se sumergen en la tempura dejando la hoja de las mismas fuera. A la hora de freír la parte carnosa, se hace con la ayuda de unas pinzas. **Final y presentación** En un plato ligeramente hondo se deposita una cucharada de jugo de guisantes ligado, sobre la misma el huevo frito y sobre este y al lado la tempura de verduras junto con los guisantitos lágrima salteados.

Rodaballo con su *kokotxa*

Ingredientes para 4 personas · Para el rodaballo: 1 rodaballo de 1,2 kg · Transglutaminasa · **Para las *kokotxas*:** 200 g de caldo muy denso de rodaballo · 25 g de *kuzu* · 15 g de aceite de refrito · Colorante de plata y polvo negro de merengue de pimiento · **Para el pilpil de rodaballo:** 50 g de aceite de oliva · 50 g de aceite de girasol · 25 g de agua · 1 diente de ajo · 10 g de *resource* · **Para la decoración:** Polvo de perejil · Las espinas laterales y de la cola del rodaballo · **Para el caldo de rodaballo:** 200 g de cabeza y recortes de rodaballo · 75 g de cebolla en *brunoise* · 25 g de vino blanco · 300 g de agua · **Para el ajilimójilis:** 500 g de aceite · 2 g de pimienta negra entera · 40 g de vino blanco · Hierbas aromáticas · Ajo · Sal **Para el refrito de ajos:** 15 g de aceite de girasol · 5 g de ajo fileteado

Modo de actuar para el rodaballo: Recortamos las espinas laterales y se deshuesa el rodaballo, sacando los lomos. Se espolvorea acto seguido la transglutaminasa por la parte interna del mismo, se juntan los lomos y se deja actuar durante 6 horas mínimo, para que se peguen bien. **Para las *kokotxas*:** El caldo hecho se pone con todos los recortes de rodaballo, cabeza, etcétera, con el kuzu y el aceite en frío a hervir, se cuece 3 minutos y se vuelca sobre una bandeja espolvoreada con color de plata y negro. Se deja enfriar y, posteriormente, se corta con el molde de kokotxa. **Para el pilpil de rodaballo:** Se dora ligeramente el ajo junto con el aceite y se agregan las espinas y el agua. Tras confitar por espacio de 45 minutos, se cuela y se emulsiona junto con el *resource*. **Para la decoración:** Las hojas de perejil se pasan por el horno a 150°C durante 15 minutos y, una vez deshidratadas, se trituran en el molinillo de café, se pasan por el cedazo y se reserva ese polvo. A su vez las espinas del contorno y de la cola se extienden entre dos *silpat*s y se secan al horno a 60°C, aproximadamente una hora y media. Después se trocean y se fríen en aceite muy caliente, a 240°C, para que suflen como una corteza de cerdo. **Para el caldo de rodaballo:** Rehogada la cebolla, se incorporan los recortes dorados en la plancha y se rehoga de nuevo todo junto. Se vierte el vino blanco y se deja reducir, se moja con agua y deja cocer 40-50 minutos. Se cuela y se reserva. **Para el ajilimójilis:** Meter todos los ingredientes en una botella y dejar macerar bien cerrada la botella. **Para el refrito de ajos:** Se fríen los ajos y se cuelan, y se reserva el aceite. **Final y presentación** Luego de dorada la ración a la plancha por ambos lados de la piel, se confita a 70°C durante 8-10 minutos en aceite de oliva virgen en la que hemos dorado un ajo. Se escurre y se le agrega el ajilimójilis, terminando la cocción bajo la salamandra. La *kokotxa* se calienta en la vaporera 30 segundos a 90°C, o bajo la salamandra, con un poco de caldo de rodaballo. Con el pilpil se hace un trazo grueso sobre el plato, sobre este se coloca la *kokotxa* y a su vez se traza una línea con el polvo de perejil. Al otro lado se pone el trozo de rodaballo y, apoyado entre ambos, la espina suflada.

Cochinillo asado con *bolao* de tomate y emulsión de ibérico

Ingredientes para 4 personas · 4 trozos de cochinillo, de 150 g cada uno · **Para el caldo:** 250 g de panceta ibérica curada · 1,5 l de agua · **Para la glasa:** Una clara de huevo · 100 g de azúcar glas · **Para el *bolao* de tomate:** 50 g de tomate en polvo · 250 g de azúcar · 100 g de agua · **Para la emulsión de ibérico:** 25 g de la grasa del caldo · 100 g de caldo · 15 g de *resource* · **Para la guarnición:** 2 tomates *cherry* amarillos · 2 tomates *cherry* rojos · 12 plantas de cebolleta o ajo tierno

Modo de actuar para el caldo: Cortamos la panceta en dados y se rehoga en una cazuela hasta que esté transparente. Mojamos con el agua y cocemos suavemente durante una hora. Se tritura el conjunto y se cuela. Ponemos el caldo al fuego, justo para que hierva muy suave, y se incorporan a cocer los trozos del cochinillo sazonados (25 minutos el costillar y 30 minutos la pierna). Se retira y se guarda en el caldo hasta el momento de usar. **Para la glasa:** Se junta el azúcar con la clara hasta homogeneizar (solo se usan 30 gramos). **Para el *bolao* de tomate:** Tras hervir el agua y el azúcar a 140°C, se añade la glasa y se mezcla; según suba, se pone en un molde hondo rectangular y se cuece en el horno a 150°C durante 1 o 2 minutos. Ya en frío se corta en trozos irregulares y espolvorea con tomate en polvo. **Para la emulsión de ibérico:** La grasa del caldo se retira en frío y clarifica hirviendo suave, espumando. Se cuela y, al día siguiente, se liga con *resource*. Pasamos por último los trozos de cochinillo por el horno con la piel hacia arriba, dejándolo 25 minutos a 180°C. ¡Que quede la piel crujiente! **Final y presentación** Salteamos las plantas de cebolleta o ajo. A continuación se pelan y se obtienen los gajos del tomate sin las pepitas; luego, se calientan unos segundos bajo el grill con unas gotas de aceite de oliva virgen. Al momento del servicio la planta de ajo se presenta en medio del plato, a un lado las dos rocas y al otro lado los tomates. Queda solo poner tres cucharadas de emulsión repartidas y en medio el cochinillo deshuesado, con un poco de jugo.

Lomo de liebre asado, con su royale y sus castañas

Ingredientes para 4 personas · **Para la liebre asada:** 2 lomos de liebre limpios · **Para el tiramisú de royale: Royale:** 2 muslos de liebre · Sangre de una liebre · 100 g de vino tinto · 100 g de cebolla · 100 g de puerro · 100 g de zanahoria · 1 l de caldo de liebre · 50 g de masa de pan tradicional · **Bizcocho:** 80 g de huevo · 80 g de *lactitol* · 60 g de leche · 75 g de aceite de oliva · 80 g de harina · 1 g de levadura · 30 g de harina de almendras · **Para el *foie*:** 100 g de *micuit* tamizado · 5 g de cacao en polvo · **Para el puré de castañas:** 100 g de castañas cocidas · 50 g de leche · **Para la castaña frita:** 3 castañas · Aceite de oliva

Modo de actuar para la royale: Hacemos una bresa con la verdura y se incorporan al instante los muslos de liebre envueltos en crepineta (redaño) con un poco de grasa de cerdo. Se acompaña entonces el vino tinto, dejamos que se reduzca y se aporta también el caldo; se tapa y se sella el borde de la cazuela y la tapa con la masa de pan. Luego, se cocina al horno 6 horas a 110°C. Al cabo de este tiempo, se deshuesa y desmiga, separando la carne y apartando los huesos y pieles. De nuevo al fuego junto con el caldo, se liga con la sangre y se reserva. **Para el bizcocho:** Después de montar los huevos junto con el *lactitol*, se va aportando el resto de los ingredientes de manera envolvente. Hornear a 150°C durante 17 minutos. **Para el montaje del tiramisú:** Con la royale de liebre distribuida ya sobre el bizcocho, se extiende encima el *foie* micuit a punto de pomada y, una vez frío, se dibuja la superficie haciendo unos surcos con la ayuda de un peine de repostería. Se espolvorea de cacao y se reserva. **Para el puré de castañas:** Se trituran las castañas junto con la leche hasta obtener una crema fina, se tamiza y reserva. **Para las castañas fritas:** Las castañas se pelan, se hacen con ellas láminas muy delgadas y, por último, se fríen en aceite de oliva. Se reservan. **Final y presentación** Los lomos, previamente marcados por ambos lados en una sartén caliente, se disponen en un plato con el tiramisú al lado y enfrente el lomo asado, dorado por fuera y rojo por dentro. Las castañas fritas se acompañan pegadas por el puré de castañas y se termina salseando con un poco del fondo de liebre.

Leche y uva, queso y vino en evolución paralela

Ingredientes para 4 personas · **Primer paso para la leche:** 1 kg de leche de oveja · 7 g de kappa · **Para la salsa:** 6 g de hoja de parra · 6 g de espinaca blanqueada · 7 g de *resource* · 15 g de azúcar · 125 g de agua · **Para acompañar:** 20 g de nuez rallada · **Segundo paso para la nata:** 5 g de cebollino picado fino · 20 g de nata en polvo · **Para la uva:** 10 g de uvas · **Para acompañar:** 4 hojas de cebollino · Jarabe TPT · **Tercer paso para la crema de queso:** 125 g de queso *quark* · 0.5 de pimienta rosa · 0.5 de nuez moscada · 3 g de sal · **Para el mosto:** 100 g de mosto blanco · 12 g de perlas de Japón · **Para acompañar:** 50 g de tomate pelado y sin pepitas · 50 g de agua · 50 g de azúcar · **Cuarto paso para el queso semicurado:** 10 g de queso Idiazábal en lámina delgada · 10 g de membrillo en lámina delgada · **Para el vino:** 500 g de vino tinto · 150 g de azúcar glas · **Quinto paso para el queso curado:** 40 g de torta del Casar · **Para el vino generoso:** 50 g de Pedro Ximénez · 50 g de agua · 10 g de gelatina vegetal · **Para acompañar:** 20 g de pasas · 40 g de Pedro Ximénez · **Sexto paso para el queso azul:** 500 g de leche · 4 g de sal · 175 g de queso gorgonzola · 7 g de *resource* · 5 g de estabilizante · 5 g azúcar · **Para el brandy:** 80 g de azúcar · 50 g de brandy · **Para acompañar:** Dos láminas de pan negro · Agua de miel · 10 g de mantequilla · 10 g de azúcar glas

Modo de actuar. Primer paso para la leche: Incorporamos la *kappa* en frío dentro de la leche, se lleva al fuego y se calienta por encima de los 80°C. Luego se extiende sobre una bandeja, haciendo una base de 2 centímetros de alto. Una vez cuaje, se cortan rectángulos de 3 x 2 centímetros, se les hace unos hoyitos y se reservan. **Para la salsa:** Una vez blanqueadas las hojas verdes en agua, se enfrían en hielo para mantener su color. Todos los ingredientes se trituran durante 4 minutos con agua y se cuela. El resultado se liga con *resource*, se endulza con el azúcar y se trabaja en la Thermomix hasta obtener una salsa tersa y brillante. **Segundo paso para la nata:** Tras picar finamente el cebollino, se le añade la nata en polvo, se mezcla bien y se reserva. **Para la uva:** Las uvas se pelan, se cortan en trozos pequeños y se reservan también. **Para acompañar:** Bien limpio, el cebollino se pone en un recipiente. Se elabora un jarabe a igual de agua que de azúcar y se acompaña a los cebollinos cuando está tibio. Para su utilización se retiran del almíbar, se escurren un poco y se llevan al horno a 150°C durante 3 minutos. Se reserva. **Tercer paso para la crema de queso:** Esta crema se hace mezclando el queso con la pimienta rosa, la nuez moscada y la sal. Se reserva. **Para el mosto:** Llevamos el mosto a hervir al fuego y, cuando esté caliente, se incorpora la tapioca o perlas de Japón; se cocinan hasta que dejarlas totalmente transparentes, se escurre y se reserva. **Para acompañar:** Mientras se hace el almíbar, se pelan y despepitan los tomates, se disponen en la olla y se cocinan hasta hacer una mermelada. **Cuarto paso para el queso semicurado:** De las lonchas finas de queso se cortan unos cuadrados de 3 centímetros de lado, se hace lo mismo con el membrillo y se montan uno sobre otro en forma de torre. Se reserva. **Para el vino:** El vino se reduce hasta ¼ de su volumen inicial, se cuela sobre una bandeja y se agrega el azúcar glas. Se pasa por la estufa para que pierda el resto de humedad que pueda tener y, una vez seco, se tritura y se resera. **Quinto paso para el queso curado:** Con la torta del Casar se hacen bolitas de 10 gramos cada una y se reservan en la nevera. **Para el vino generoso:** La gelatina de Pedro Ximénez se hace mezclando en frío todos los ingredientes, se levantan a un hervor y se bañan las bolitas de queso. Se reservan. **Para acompañar:** Como acompañamiento, se sumergen las pasitas en Pedro Ximénez y se dejan macerar durante un día. Se escurren pasado el tiempo y se pasan por un poco de azúcar. **Sexto paso para el queso azul:** Ponemos todos los ingredientes del helado dentro de la Thermomix, se mezcla bien el conjunto y una vez listo se cuela. Se deja macerar durante 12 horas, se montan y se utilizan. **Para el brandy:** Sobre una olla puesta al fuego se echan todos los ingredientes y se dejan hervir reduciendo 5 minutos. Se retira del fuego y se reserva. **Para acompañar:** El pan cortado en cuadrados de 3 centímetros se pinta con agua de miel, con un poco de mantequilla y se espolvorea con azúcar glas. Luego, se hornea 10 minutos a 180°C y se reserva. **Final y presentación** En orden de izquierda a derecha: Leche con salsa de hojas verdes y nuez rallada en forma de dominó. Cebollino con nata y sobre esto unos pedacitos de uva fresca, cebollino caramelizado. Crema de queso, por encima un poco de mosto y mermelada de tomate. Idiazábal con membrillo y una línea de polvo de vino. Torta del Casar envuelta en gelatina de Pedro Ximénez sobre pasitas generosas escarchadas. Helado de gorgonzola sobre reducción de brandy y pan negro *sovigran*.

Caracola de cítricos con virutas de chocolate

Ingredientes para 4 personas · Para el caparazón de caracol: 3 g de cola de pescado · 17 g de agua · 300 g de xilitol · 3 g de zumo de limón · 1 gota de esencia de citronelle · **Para unir el caparazón:** 100 g de xilitol · 15 g de clara de huevo · **Para pintar:** 1 cs de oro en polvo alimentario · 1 cs de cobre en polvo alimentario · **Para el relleno:** 500 g de zumo limón · 500 g de jarabe tpt · 220 g yema · **Para la teja de arroz:** 100 g de arroz · 400 g de agua · 50 g de azúcar · ½ ramita de vainilla · 1 ramita de canela · 2 g de piel de limón · 20 g de azúcar glas · 20 g de cacao · **Para el caramelo de chocolate:** 500 g de azúcar · 500 g de glucosa · 150 g de agua · 450 g de pasta de cacao · **Para el algodón de chocolate:** Gel de sílice antihumedad · **Para el helado de chocolate:** 265 g de leche · 10 g de nata · 30 g de azúcar · 150 g de chocolate 71% · 1,5 g de estabilizante para helados · 8,5 g de leche en polvo

Modo de actuar para el caparazón de caracol: Tras remojar la gelatina en agua fría, se escurre fondo, se funde con el agua y se incorpora con el xilitol. Se añade luego el zumo de limón junto con la esencia, se trabaja la masa hasta dejarla uniforme y se reserva bien filmada para su utilización. Con la máquina se estira la masa bien fina espolvoreando con xilitol, se forra el interior del molde y se retira el exceso de masa. Ya desmoldada, se deja secar a temperatura ambiente durante 8 horas. Se hace un agujero en la parte de abajo del caracol para poderlo rellenar por ahí. **Para unir el caparazón:** Nada más incorporar el xilitol con la clara de huevo, se pinta el borde del caracol y se une. Se deja secar otras 8 horas. **Para pintar:**

Se le aplica el color de bronce y seguidamente el oro. **Para el relleno:** El zumo de limón se mezcla junto con el jarabe y se deja reducir a la mitad. Se añade la yema y se cuece a 80°C, hasta lograr la consistencia de una crema. Una vez en frío, se reserva. **Para la teja de arroz:** Cuando todos los ingredientes hayan cocido durante 20 minutos, se quita la canela y se tritura en la W, se cuela y se estira. Se deja secar a 60°C durante un día. Se sufla en aceite caliente y se espolvorea el azúcar glas y el cacao. **Para el caramelo de chocolate:** Hacemos un caramelo con los ingredientes, se extiende sobre una silicona, se deja endurecer y se tritura. **Para el algodón de chocolate:** Con la máquina de algodón de azúcar caliente, se coloca en ella el caramelo de chocolate para realizar el algodón. Luego se reserva en un lugar seco y con gel de sílice antihumedad para su conservación. **Para el helado de chocolate:** Bien mezclada la leche y la nata junto con el azúcar y levantada a 80°C, se agregan los estabilizantes y la nata en polvo y se vierte sobre el chocolate en trozos. Se incorpora bien el chocolate, se enfría y se turbina. **Final y presentación** Por la base del plato se reparten un par de cucharadas de algodón de chocolate, por encima se ponen los crujientes espolvoreados de arroz y se rellena el caracol con la crema de limón al momento. Se termina con una *quenelle* de helado de chocolate.

OTRAS RECETAS

Gambas y camarones en polvo de su caparazón, merengue de tomate y rúcula

Ingredientes para 4 personas · 8 gambas · 12 camarones · **Para la salsa:** 50 g de jugo de las cabezas · 50 g de agua · **Para el empanado:** Las cáscaras y las cabezas de las gambas y de los camarones en crudo · **Para el agua de tomate:** ½ kg de tomates maduros · **Para el merengue de tomate:** 250 g de agua de tomate · 25 g de clara de huevo en polvo · **Para la salsa de rúcula:** 100 g de rúcula · 2 g de *resource* · 25 g de sésamo blanco puesto en remojo durante 1 día · **Para la presentación:** 12 hojas de rúcula

Modo de actuar para la salsa: Obtenemos el jugo de las cabezas apretando bien las cabezas de los camarones y las gambas y mezclándolo con el agua. Se cuela y se coagula durante 10 segundos al fuego. Así coagulado se tritura, se cuela y se reserva. **Para el empanado:** En una sartén antiadherente se van tostando y secando las cáscaras al fuego. Se trituran luego en la Thermomix hasta reducir a polvo. Se pasa por el cedazo. **Para el agua de tomate:** Los tomates ya triturados se ponen en una cazuela, se hierven durante 2 minutos y el resultado se deja colar por una estameña. **Para el merengue de tomate:** El agua de tomate se machaca en frío, junto con las claras, y se deja reposar 6 horas. Se monta luego en la batidora hasta que tenga la textura del merengue. Esta mezcla obtenida se extiende sobre un papel sulfurizado y se pone a secar al horno a 90°C durante 5 horas. Pasado el tiempo, se retira del horno y se corta en cuadrados de 2 x 2 centímetros. **Para la salsa de rúcula:** La rúcula se escalda de agua hirviendo a helada. Se tritura de seguido en la Thermomix, se cuela y se liga con el *resource*. Por último, se mezcla con el sésamo escurrido. **Final y presentación** Las gambas crudas y peladas, así como los camarones, se empanan en el polvo de las cáscaras y se templan ligeramente en el gratinador. En un plato se ponen tres puntos de la salsa de rúcula y otros tres de la salsa de gambas y camarones. Sobre el merengue se colocan las gambas, alrededor los camarones y se decora con las hojas de rúcula. La sensación en la boca es la de comer unas gambas y unos camarones a la plancha, pero con una textura espectacular y una potencia de sabor inusuales. Es una de las recetas en las que ponemos todo el interés en aumentar el sabor del producto por medio del propio producto. En este caso, convertido en polvo.

Ostras que se comen con cáscara

Ingredientes para 4 personas · 8 piezas de ostras pequeñas · 100 g del agua de las ostras · **Para la cáscara:** 50 g de pan negro tostado *sovigran* · 10 g de cebolla tostada · 100 g de manteca de cacao · **Para la salsa:** 50 g de azúcar · 10 g de agua · 200 g de *txakoli* · 10 g de chalota · **Para la presentación:** Hoja de ostra (*Mertensia maritima*) · Flor de begonia

Modo de actuar Abrimos las ostras con cuidado de no desperdiciar su agua. Se filtra por una estameña el agua de las ostras. Cada ostra se coloca en su concha, se añade el agua filtrada y se congela en un abatidor de temperatura. Se reserva. Al momento de bañarlas, se retiran de las conchas **Para la cáscara:** El pan negro tostado se tritura y se pasa por el cedazo; se hace lo mismo con la cebolla, obteniendo así los polvos. La manteca de cacao se disuelve al calor y se le agregan los polvos elaborados anteriormente de pan y cebolla. Ya sin su cáscara, las ostras congeladas se dejan atemperar en el frigorífico. **Para la salsa:** Se hace un caramelo con el agua y el azúcar, se vierte el *txakoli* y se deja reducir a la mitad. Una vez frío, se incorpora la chalota picada. **Final y presentación** En el fondo del plato se traza una raya de salsa de *txakoli* y sobre esta se coloca la flor de begonia junto con la hoja de ostra. Sobre el plato se dispone, en la parte del medio, la ostra con su 'cáscara' nueva. **Degustación** Se recomienda comer primero la hoja de ostra, para experimentar lo chocante de su sabor y aroma potente a ostra, y luego la ostra, tomándola entera para que explote, como un bombón de licor, el mar en la boca.

Cangrejo real en secuencias

Ingredientes para 4 personas · **Para el cangrejo:** 150 g de pata de cangrejo real limpio · **Para la espuma:** 1 kg de mejillón · 300 g de agua de mejillón · 8 hojas de gelatina · **Para el pollo:** 1 pechuga de pollo · 2 kg de sal gorda · 300 g de azúcar · 25 g de jengibre en rodajas · Aceite de oliva · **Para el flan:** 180 g de partes blandas y coral de la cabeza del cangrejo · 40 g de yema · 30 g de claras · **Para el coral:** 30 g de coral de cangrejo confitado · 50 g de aceite de oliva · **Para la falsa mayonesa:** 115 g de agua de cangrejo · 50 g de aceite · 9 g de *resource* (almidón de maíz modificado) · 2 g de sal · **Para la sal de anchoa:** 125 g de anchoas en aceite de conserva · **Para la salicornia:** 15 g de salicornia picada fina

Modo de actuar para el cangrejo: Cortamos la cáscara de las patas del cangrejo real por el lateral, se despega la carne con mucho cuidado y se reserva. **Para la espuma:** Los mejillones se abren al vapor en 12 minutos a 119°C, se cuela su agua y se dispone junto con las hojas de gelatina remojadas dentro del vaso de la batidora; se incorpora bien y se deja montar. Cuando esté bien montado, se rellenan las terrinas y se ponen a congelar. Se rebanan en la cortafiambres al número 1 y se reserva. **Para el pollo:** Bien limpio el pollo, se hace la mezcla de sal, azúcar y jengibre y se dispone la pechuga bien cubierta y con un poco de peso encima. Se deja curar durante 7 horas. Cuando el tiempo se haya cumplido se retira, se enjuaga y se rebana muy fino poniendo dentro de aceite de oliva. Se reserva. **Para el flan:** Trituramos el coral junto con los huevos, se cuela, se hace el vacío para eliminar el aire y se vierte dentro de los moldes de flan. Se cocinan a continuación al vapor durante 9 minutos a 92°C, se deja reposar y se porcionan. Se reserva. **Para el coral:** Con el aceite al calor a 70°C, se le añade el coral de cangrejo real y se deja confitar. Una vez listo, se reserva. **Para la falsa mayonesa:** Preparamos un agua de cangrejo colocando las cáscaras y recortes a infusionar en agua, hasta levantar un hervor suave, y se deja luego enfriar. Cuando haya tomado sabor, se cuela y se reserva. Se monta con el aceite y almidón de maíz modificado, se ajusta de sal y se reserva. **Para la sal de anchoa:** Tras escurrir bien una lata de anchoas, se pica muy fino y se coloca a secar dentro de un horno. Una vez deshidratada, se tritura y se reserva. **Para la salicornia:** La salicornia se pica muy fina justo al momento del emplatado. **Final y presentación** Ponemos a marcar el cangrejo real a la plancha. Mientras se cocina, colocamos en la base del plato una lámina de espuma de mejillón, sobre esta y en el orden de izquierda a derecha, el pollo marinado, el flan de cangrejo, el coral, la pata de cangrejo (cuando esté cocinada poner al final) y mayonesa; al llegar a la mitad del plato, se repite el mismo montaje pero de derecha a izquierda. En las partes laterales se traza una línea de sal de anchoa solo por un lado y hasta la mitad, repitiendo lo mismo con la salicornia en el lado opuesto. Finalmente, se coloca el cangrejo y la mayonesa.

Perlitas de *foie* y tapioca con ensalada ácida

Ingredientes para 4 personas · **Para el *foie* en bolitas:** 1 kg de hígado graso (*foie-gras*) de pato limpio · 16 g de sal · 5 g de azúcar · 4 g de pimienta blanca · Nitrógeno · **Para la reducción de Jamaica:** 500 g de agua · 35 g de Jamaica (*Hibiscus*) · 100 g de azúcar · 18 g de *resource* · 1 hoja de gelatina · **Para la ensalada ácida:** 5 g de acedera · 5 g de *Aptenia cordifolia* (ombligo) · 5 g verdolaga · 5 g de oxalis · **Para las perlas de tapioca:** 100 g de perlas de tapioca de Japón · 500 g de agua · Aceite · Sal · Pimienta · **Para los palitos de pan:** 100 g de harina · 70 g de agua · 3 g de sal · **Para el polvo de cebolla:** 1 cebolla mediana · **Para la presentación:** · Sal · Aceite

Modo de actuar para el *foie* en bolitas: Bien limpio el *foie-gras*, se marina con la sal, el azúcar y pimienta blanca. Nada más esté listo, se filma y se pasa a una bolsa de vacío. Luego, se lleva a la vaporera 40 minutos a 65°C y, cuando esté listo, se retira y se refresca con hielo. Para hacer las bolitas, se templa y tritura el *foie-gras* y se pasa por un colador. Llenamos con él después un biberón y se lleva 3 segundos al microondas; se comienza a gotear dentro del nitrógeno para formar las bolitas, se escurren y se mantiene en un recipiente en el congelador. **Para la reducción de Jamaica:** La Jamaica se pone a calentar con el azúcar junto con el agua, se deja hervir 1 minuto y se retira del fuego; se tapa y se espera a que se enfríe. Se cuela. Calentamos una pequeña porción para disolver la gelatina, se añade el *resource*, se bate todo junto y se cuela. **Para la ensalada ácida:** Se limpian todas las hierbas y se cortan en un tamaño de bocado. Se reserva. **Para las perlas de tapioca:** Las perlas de tapioca se ponen a cocinar dentro del agua hirviendo. Una vez cocidas se sacan y enfrían, se extienden en un *silpat* y se deja que sequen. Para su utilización se fríen en aceite bien caliente, se sazonan de sal y pimienta y se reservan. **Para los palitos de pan:** Bien mezclada la harina con el agua y la sal, se forma una masita que colocaremos dentro de un cornete y se hacen pequeñas líneas de pan en un *silpat*. Luego, se hornea a 180°C por 8 minutos. **Para el polvo de cebolla:** Tras filetear la cebolla, se lleva al horno casi a quemar. Cuando esté bien dorada, se deja secar en la estufa. Se tritura a continuación, se cuela y se guarda el polvo. **Final y presentación** Con antelación se colocan en el plato las perlitas de foie, para que puedan estar descongeladas mientras se va servir, se pinta con la reducción de Jamaica un hilo y por encima se distribuyen las hierbas ácidas con un poco de sal y aceite, y sobre ellas las tiritas de pan crujientes Se colocan las perlas de tapioca y un poco de polvo de cebolla quemada.

Chipirón 'zebra'

Ingredientes para 4 personas · Para el chipirón: 4 chipirones de 40 g cada uno · Tinta de chipirón · **Para el relleno del chipirón:** 4 cuerpos de chipirón · 50 g de cebolla picada fina · 20 g de pimiento verde · 100 g de vino blanco o *txakoli* · **Para la corteza de chipirón:** 25 g de arroz · 75 g de agua · 50 g de carne de chipirón · 3 g de tinta · 100 g de agua · Aceite de girasol · **Para la reducción de tomate blanco:** 30 g de azúcar · 5 g de vinagre de sidra · 100 g de agua de tomate · 5 g de colorante blanco · **Para la presentación:** Aceite de girasol

Modo de actuar para el chipirón: Dejamos los chipirones limpios y se reservan. Los tentáculos se utilizarán para el relleno. **Para el relleno del chipirón:** Picados muy finos los tentáculos, se saltean y cocinan junto con la cebolla y el pimiento. Se desglasa todo con el vino blanco y se deja dorar. Se reserva. **Para la corteza de chipirón:** El arroz se cuece con el agua 18 minutos, se tritura, se cuela y se extiende sobre un *silpat*. Aparte se cuece la carne del chipirón con la tinta y el agua durante 25 minutos. Se aparta del fuego, se tritura y se cuela. Obtenemos así una salsa negra. Con esta salsa negra se dibujan rayas sobre la crema de arroz estirada en el *silpat* y se deja secar a 80°C durante 1 hora. A continuación, se fríen en aceite de girasol caliente. **Para la reducción de tomate blanco:** Puesto el azúcar al fuego, se desglasa junto con el vinagre y se le agrega el agua del tomate. Se deja reducir y, una vez lo haya hecho a la mitad, se incorpora el colorante blanco y se retira del fuego. **Final y presentación** En el momento del pase se le pintan unas rayas al chipirón con la tinta de chipirón, se seca bien (nosotros utilizamos un secador de pelo) y, posteriormente, se cocina en aceite de girasol a 70°C durante 2 minutos. Sobre un plato de pizarra negra se trazan rayas blancas con la reducción del tomate, simulando una cebra, encima se pone el relleno del chipirón y, sobre todo ello, el chipirón rayado como una cebra. Además, se coloca la corteza suflada para acompañar.

Aros de chipirón

Ingredientes para 4 personas · Para los aros de tinta: 250 g de agua de tomate · 4,5 hojas de gelatina · 250 g de salsa de chipirón · 4,5 g de gelatina · **Para el jugo de chipirón a la plancha:** Aletas y tentáculos de 4 chipirones de anzuelo · **Para los aros de chipirón:** 4 chipirones de anzuelo · 2 yemas de huevo · Sal · Gotas de zumo de limón · **Para la presentación:** · Flores de perejil

Modo de actuar para los aros de tinta: Disolvemos la gelatina en la salsa de chipirón y se reserva en frío, pero sin que llegue a cuajar. La gelatina se disuelve a su vez en el agua de tomate y se pone a montar en la batidora con un bol con hielos debajo. Una vez montado, se extiende un poco de espuma en un papel pvc de 5 centímetros de alto x 8 centímetros de largo y se enrolla formando un canuto y dejando un hueco en medio. Se lleva a la cámara durante 15 minutos, para que cuaje. Luego se rellena con la salsa de chipirón y se reserva. **Para el jugo de chipirón a la plancha:** Picamos los tentáculos y las aletas y se marcan en una sartén. Se retiran del fuego y se reservan. Añadimos el agua a la sartén y se deja reducir a un cuarto de su volumen. Se cuela y se reserva. **Para los aros de chipirón:** Mezclada la sal con el limón y las yemas, se cuela y se reserva. Se corta el chipirón en aros de 1,5 centímetros de grosor y se reserva. **Final y presentación** Cortamos los aros de tinta de 1,5 centímetros de grosor y se colocan cinco por plato. En una sartén antiadherente a 150°C, se hacen los aros de chipirón pasados por la yema. También en el centro del aro echamos yema, hasta que empiece a cuajar. Justo cuando comience a cuajar (3 segundos), se van retirando y se disponen en el plato. Se reparten unas gotas del jugo en el plato. Por último, se remata con los tentáculos picados y las flores de perejil.

Txangurro frío con sabor de mar y germinados

Ingredientes para 4 personas · Para el *txangurro*: 100 g de carne de *txangurro* · **Para la salsa:** 50 g de coral de *txangurro* · 50 g de agua de moluscos (la resultante de abrir mejillones o berberechos) · **Para el aceite de carabinero:** 1 carabinero · 100 g de aceite de oliva · **Para las migas:** 100 g de pan duro · **Para la espuma:** 250 g de agua de moluscos · 2 granos de pimienta verde · Hojas de gelatina · Brotes de *shiso* púrpura · Brotes de *shiso* verde · Brotes de mostaza · Brotes de *tahoon cress*

Modo de actuar para la salsa: Trituramos el coral de *txangurro* en la Thermomix con el agua de moluscos, se cuela y se reserva. **Para el aceite de carabinero:** Después de trocear el carabinero, se rehoga y se infusiona con el aceite de oliva a 70°C durante al menos 60 minutos. Se cuela y se reserva. **Para las migas:** Con la corteza al pan se hacen daditos pequeños y se mezclan con el aceite de carabineros. Se escurren sobre un colador y se reserva. **Para la espuma:** Puesta a remojo la gelatina, se escurre y se hierve junto con la pimienta y el agua de moluscos. Se pone a montar en una batidora con hielo por debajo. Esta espuma se coloca en una bandeja cuadrada y profunda o un molde y se deja cuajar en el frío durante una hora. En la espuma cortada en rectángulos de 6 centímetros de largo x 3 centímetros de ancho, se clavan los brotes en cada porción. **Final y presentación** Rellenamos un molde rectangular, del mismo tamaño que la espuma, de carne de *txangurro* sazonada y sobre esta se ponen los dados de pan y a un lado la espuma. Se salsea.

Moluscos al vapor con borraja

Ingredientes para 4 personas · 8 navajas · 16 berberechos · 16 mejillones de roca · 4 almejas · 12 percebes · 1 cl de agua · **Para la borraja:** 2 tallos de borraja · Aceite de oliva · Sal · **Para la espuma:** 2 granos de pimienta · 1 ramita de perejil · 1 rodaja de guindilla · ½ chalota · 1 pizca de laurel · 1 pizca de tomillo · 1 g de lecitina de soja · **Para la crema de borraja:** 1 mata de borraja · *Resource*

Modo de actuar para la borraja: Una vez separadas las hojas del tallo, este se frota con un estropajo para pelar y quitarle los hilos. Se sumerge en agua hirviendo durante 1 minuto y se enfría en agua helada. Se saltea a fuego vivo en una sartén con una gota de aceite y sal. Las hojas se lavan, se secan y se fríen en aceite de oliva. Se ponen luego a secar en papel absorbente y se reservan. **Para la espuma:** En una cazuela puesta al fuego se echan todos los ingredientes (salvo la lecitina). Los moluscos se lavan bien. Después de que se hayan abierto los berberechos y mejillones, se retira del fuego y se cuela el caldo con una estameña. Se añade la lecitina y se bate para que se airee y se espume bien. La lecitina nos ayuda a mantener la espuma sin que caiga. **Para la crema de borraja:** Escaldamos las hojas de borraja por un lado en agua hirviendo y pasamos de seguido por agua helada. Luego se trituran con un poco de agua, se rectifican de sazón y la crema se liga con *resource*. **Final y presentación** Se pone una *sauté* con agua de mar al fuego. Justo al momento de servir el plato se quitan las cáscaras, se sumerge el resto de los moluscos en el agua hirviendo y se retiran a medida que se van abriendo para irlos colocando en el plato. Las navajas se abren en una sartén con una gota de aceite. Se apartan, se les quita el estómago y se emplatan sobre una cucharada de crema de borraja. Se colocan los moluscos ordenadamente. Aireamos la espuma y con una cuchara se distribuye sobre los moluscos. Se decora con la hoja de borraja frita y un par de tallos por encima.

Setas en el bosque

Ingredientes para 4 personas · **Para la 'tierra':** 2 g de sal · 75 g de almendra molida · 75 g de mantequilla · 45 g de harina · 35 g de setas trompeta de la muerte secas · **Para las verduras:** 4 hojas de lechuga de hoja de roble · 40 hojas de verdolaga · 12 tallos de flor de capuchina · **Para el caldo:** 250 g de caldo de gallina · 100 g de recortes de hongos · 10 granos de pimienta negra · 50 g de hongo boletus pequeño · 25 g de *ziza hori* (*Cantarellus cibarius*) pequeña · 25 g de trompeta de la muerte pequeña · **Para la mayonesa de setas:** 1 huevo · 100 g de aceite de piñón · 55 g de aceite de girasol · 14 g de salsa de soja · Sal

Modo de actuar: Para la 'tierra': Trituramos hasta reducir a polvo la trompeta de la muerte y mezclamos con sal, almendra, mantequilla y harina. Se hornea a 150°C durante 18 minutos. Una vez en frío, se desmenuza con la mano. **Para las verduras:** La hoja de roble se lava y coloca sobre una bandeja. Se tuesta a continuación en el horno a 180°C durante 15 minutos. Lavamos aparte la verdolaga y los tallos. **Para el caldo:** En el caldo puesto a hervir, se añaden los recortes y la pimienta. Se retira del fuego y, una vez frío, se cuela. Las setas y los hongos se limpian con un cepillo y un paño húmedo. **Para la mayonesa de setas:** Se monta como una mayonesa normal, agregando la yema del huevo y un poco de la clara. Luego se añade el aceite de piñón y el aceite de girasol, y se termina con la salsa de soja. No se sazona hasta aportar la salsa de soja. **Final y presentación** La 'tierra' obtenida se extiende sobre un plato llano. Dejamos las setas y los hongos en el caldo a 96°C durante 30 segundos y se retiran a continuación con una espumadera, colocándolos sobre una bandeja para que suelten un poco del caldo. Sobre la tierra y por encima se reparten los tallos y la verdolaga. Se termina con la hoja de roble ya seca y dos cucharaditas de mayonesa.

Setas con pasta al huevo

Ingredientes para 4 personas · **Para las setas:** Selección según temporada · **Para los espaguetis de yema:** 60 g de yema de huevo · 1 g de sal · **Para los espaguetis de clara:** 65 g de clara de huevo · 150 g de aceite de ajos · Aceite de ajos: 75 g de aceite de oliva virgen · 5 g de ajo · **Para los espaguetis rellenos de trufa:** Los espaguetis: 200 g de agua · 20 g de gelatina vegetal · El relleno: 75 g de jugo de pato · 25 g de jugo de trufa · 10 g de *resource* · **Para la mayonesa de piñón:** 1 huevo · 28 g de soja · 110 g de aceite de girasol · 200 g de aceite de piñón · **Para la presentación:** Brotes o hierbas, según la temporada

Modo de actuar para los espaguetis de yema: Mezclamos las yemas bien con la sal y, con ayuda de una jeringuilla, ponemos la mezcla dentro de las pajitas previamente engrasadas, para luego poder retirarlas fácilmente. Se pasa por la vaporera 3 minutos a 85°C. Luego, se retiran y se reservan. **Para los espaguetis de clara:** Freímos los ajos fileteados en aceite. Una vez frío, se hace una mayonesa con la clara y se llena con ella las pajitas. Se cuece en la vaporera 7 minutos a 90°C. Se retira y se reserva. **Para los espaguetis rellenos de trufa: Los espaguetis:** Echamos la gelatina en polvo en el agua, dejamos hervir y se retira del fuego. Pinchamos con una varilla previamente sumergida en nitrógeno, de unos 15 centímetros de largo, y al retirarla se desmolda, consiguiendo así el espagueti. Se rellenan con una jeringuilla y se reservan. **El relleno:** Todos los ingredientes se mezclan con la *míxer* y con el resultado se rellenan los espaguetis de gelatina. **Para la mayonesa de piñón:** Disponemos los ingredientes en una jarra y los mezclamos con la túrmix. Una vez montada la mayonesa, se reserva. **Final y presentación** Salteamos las setas y las ordenamos en el fondo del plato en hilera. Los espaguetis se templan aparte y se sitúan sobre las setas, se acondiciona la mayonesa en el lateral del plato y se adiciona algún brote o hierba de temporada.

Chipirón de anzuelo en la arena de colores

Ingredientes para 4 personas · 4 chipirones de anzuelo · 200 g de aceite de tinta de chipirón · **Para la arena verde:** 100 g de pimiento verde · 25 g de arroz · 100 g de agua · Aceite de oliva · **Para la arena roja:** 100 g de pimiento rojo · 25 g de arroz · 100 g de agua · Aceite de oliva · **Para la arena negra:** 100 g de carne de calamar limpia · 50 g de agua · 4 g de tinta de calamar · Aceite de oliva · **Para el jugo:** 50 g de recortes de calamar · 25 g de cebolla · 25 g de vino blanco · 100 g de agua · **Para la quenefa:** 20 g de cebolla picada y pochada · 4 tentáculos de chipirón de anzuelo

Modo de actuar Después de limpiar los chipirones, se reservan. **Para las arenas verde y roja:** Una vez troceado el pimiento, se pone con el agua y el arroz a cocer durante 20 minutos. Se tritura luego en la Thermomix y se extiende en un *silpat*. Se deja por último secar en el horno durante 2 horas a 70°C. Así se fríe en aceite de oliva caliente y, según vaya suflando, se pone en papel absorbente y se aplastan las tejas con un cuchillo sobre la tabla hasta que parezca arena. **Para la arena negra:** El calamar se tritura con el agua y la tinta en la Thermomix, hasta que quede una masa homogénea. Se extiende en un *silpat*, se cuece en la vaporera durante 2 minutos a 200°C y se deja secar en el horno 2 horas a 70°C. Se van friendo en aceite de oliva caliente y se retiran según vayan suflando. Con un cuchillo se van aplastando sobre la tabla hasta darles aspecto de arena. Se reserva. **Para el jugo:** Los recortes de chipirón se rehogan en una cazuela hasta dorar. Se añade entonces la cebolla, se dora también y se moja con el vino, dejando que se evapore por completo. Como final se incorpora el agua y se deja cocer 25 minutos; se cuela pasado el tiempo y se reduce hasta obtener un jugo concentrado. **Para la quenefa:** Con la mezcla de la cebolla y los tentáculos picados y salteados, se hacen quenefas con dos cucharillas. **Final y presentación** En el aceite de girasol caliente pochamos el chipirón. Se cuaja al instante la quenefa en la salamandra durante unos segundos. Como colofón, se colocan las arenas de colores en el platos y sobre estas el chipirón pochado con una gota de jugo y la quenefa.

Falso *risotto* de verduras con yema a la remolacha

Ingredientes para 4 personas · **Para el zumo de verduras:** 200 g de zumo de zanahoria bien colado · 200 g de zumo de vainas · 200 g de zumo de hoja de acelga · 200 g de puré de coliflor · 200 g de puré de espárragos · **Para cocinar las verduras:** 100 g de zanahoria · 100 g de vaina · 100 g de acelga · 100 g de coliflor · 100 g de espárrago blanco · Sal · **Para las yemas a la remolacha:** 4 yemas de huevo frescas · 300 g de zumo de remolacha bien colado · 7 g de sal · 3 g de azúcar · 1 ramita de tomillo fresco · **Para las claras:** 60 g de claras de huevo bien batidas y reposadas · 200 g de aceite de oliva

Modo de actuar para el zumo de verduras: De zanahoria: Se pela la zanahoria, se licua en la licuadora y se cuela. Se reserva. **De vainas:** Se limpian las puntas de la vaina, se blanquean en agua hirviendo y se refrescan. Se licua en la licuadora y se reserva. **De acelga:** Se blanquean las hojas de acelga, se dejan enfriar y se escurren bien. Se licua, se cuela y se reserva. **Puré de coliflor:** Los tallos restantes se cocinan al vapor, se escurren bien y se trituran con igual peso de mantequilla. Se pasa por el colador y se reserva. **Puré de espárragos:** Con los troncos restantes del espárrago se hace un puré, se cocina al vapor y cuando esté cocido se escurre bien. Se tritura y se reserva. **Para cocinar las verduras:** Picamos todas la verduras en *brunoise*, menos la coliflor, que se desmiga. Cada una de las verduras se rehoga en una *sauté* por separado y, con un chorrito de aceite de oliva, se rehogan a fuego vivo. Se mojan con sus respectivos zumos o purés, se dejan reducir y se ajustan de sal. **Para las yemas a la remolacha:** Hacemos un zumo con la remolacha y se cuela en un recipiente junto con la sal y el azúcar. Se mezcla bien, se agrega el tomillo fresco y se dejan las yemas dentro 4 horas. **Para las claras:** Las claras se rompen con una batidora y se cuelan. Mientras reposa y pierde el aire, se coloca el aceite al fuego hasta alcanzar la temperatura de 70°C, momento en que se irán echando las claras de huevo en forma de gotas, que se cuajaran prácticamente en el acto. Se cuelan y se reservan en aceite. **Final y presentación** Cada plato hondo se prepara con un aro, se deposita una yema en medio y se reparten alrededor las diferentes verduras por separado, procurando no repetir colores que queden juntos. Se decora con unas gotas de clara cuajadas a modo de huevo frito.

Chipirón con cebolla y cuajada de parmesano

Ingredientes para 4 personas · **Para el chipirón:** 4 chipirones de 25 g cada uno · **Para la cuajada de parmesano:** 250 g de leche de oveja · 75 g de queso parmesano en trozos · 8 gotas de cuajo · **Para el polvo de sepia:** 100 g de sepia triturada y limpia · 50 g de agua · 4 g de tinta de calamar · **Para el aceite ahumado con chipirón:** 100 g de recortes de chipirón · 70 g de pimiento verde picado · 40 g de cebolla picada · 500 g de aceite de girasol · Maderas para ahumar · **Para los aros de cebolla:** 2 cebolletas de 25 g cada una · Sal · **Para la presentación:** Flores y tallos de cebollino

Modo de actuar para el chipirón: Cortamos el chipirón en rodajas y se reserva. **Para la cuajada de parmesano:** La leche de oveja se infusiona con los trozos de parmesano en frío y se deja macerar durante un día. Se cuela y se reserva. **Para el polvo de sepia:** Trituramos en la Thermomix la sepia con el agua y la tinta, se estira bien sobre un *silpat* y se cuece en la vaporera 2 minutos a 119°C. Se seca al horno 2 horas a 70°C. Cuando esté bien seca se fríe en aceite bien caliente (150°C) y se tritura de nuevo, teniendo así como resultado el polvo de sepia. Se reserva. **Para el aceite ahumado con chipirón:** Después de marcar en una sartén los tentáculos de chipirón o sepia, junto con los pimientos y la cebolla, se doran bien y, una vez hayan tomado buen color y aroma, se ponen en el aceite de girasol y se ahuman en la ahumadora con la madera hasta que el aceite haya tomado sabor suficiente. Se reservan. **Para los aros de cebolla:** Tras cortar la cebolla en aros, se mantienen estos en agua con sal y hielo si están de aroma y sabor muy fuertes. Se reservan. **Final y presentación** Sobre el plato se vierten unas gotas de cuajo y se reparte por encima un chorrito de la leche infusionada con el queso parmesano, tibia (45-50°C máximo); se deja que cuaje y se agrega el polvo de sepia sobre el mismo. Mientras tanto, por el aceite de girasol ahumado se pasan los chipirones y las cebollas con un poco de sal y se deja que se pochen a 70°C; cuando estén trasparentes y a punto, se sirve sobre el cuajo y se decora con unas flores de cebollino chino y tallos.

Rabo de cordero dehuesado con macarrones de coliflor, puerro, zanahoria y remolacha

Ingredientes para 4 personas · **Para el rabo de cordero:** 12 rabitos de cordero · 1 cebolla · 1 zanahoria · 1 puerro · 250 cl de vino blanco · 1 l de agua · **Para los macarrones de verduras:** 100 g de coliflor cocida · 100 g de puerro cocido (solo la parte blanca) · 100 g de zanahoria cocida · 100 g de remolacha cocida · **Para los purés de verdura: De coliflor:** 100 g de coliflor · 100 g de agua · 2 g de *resource* · **De puerro:** 100 g de puerros · 50 g de patatas · 100 g de agua · *Resource* · **De zanahoria:** 100 g de zanahoria · 100 g de agua · 2 g de *resource* · **De remolacha:** 100 g de remolacha cruda · ½ diente de ajo · 25 g de tocino ibérico · 100 g de agua · **Para la vinagreta:** 4 hojas de mostaza limpia · 1 cl de salsa de soja · 1 cl de vinagre *fórum* · 3 cl de aceite de oliva virgen · **Para la presentación:** Pasta filo · Brotes de mostaza

Modo de actuar para el rabo de cordero: Una vez rehogadas las verduras, se juntan con los rabitos fritos y se moja todo con el vino. Se deja reducir, se moja de nuevo con la mitad del agua y se va agregando el resto de la misma poco a poco. La cocción se mantiene durante dos horas y media. Luego se retiran del fuego y se deshuesan en caliente. Se van enrollando en un film para que adquieran su forma original. Se dejan enfriar por completo. **Para los macarrones de verduras:** Trituramos cada una de las verduras por separado en la Thermomix, se cuelan y se van extendiendo sobre un *silpat*. Formamos con ello láminas de 0,1 centímetros de grosor y se secan en la estufa puesta a 60°C durante 1 hora. Se cortan en rectángulos de 6 x 4 centímetros y se enrollan estos sobre unos canutillos de 0,5 centímetros de diámetro. Se reservan. **Para los purés de verdura: De coliflor:** Tras cortar la coliflor en rodajas, se marca en la plancha por ambos lados. Se pone en una *sauté* con el agua y se cuece suave unos 15 minutos. Se tritura con el *resource*, se cuela y se reserva. **De puerro:** Con el puerro ya troceado a la mitad, se marca en la plancha por igual. Se pasa por una *sauté* con el agua y la patata y se cuece suave durante 18 minutos. Se tritura con el *resource*, se cuela y se reserva. **De zanahoria:** Una vez cortadas las zanahorias a lo largo, se marcan en la plancha por los dos lados. Se lleva a una sauté con el agua y se cuece suave 18 minutos. Se tritura con el *resource*, se cuela y se reserva. **De remolacha:** En el tocino desecho en una sartén se fríe el ajo y se saltea la remolacha unos minutos. Se vierte el agua y se deja cocer 12 minutos. Se tritura, se cuela y se reserva. **Para la vinagreta:** Se pican las hojas de mostaza muy finas y se incorpora el resto de ingredientes. **Final y presentación** Después de retirar el film a los rollitos de rabo de cordero, se enrollan sobre una hoja de pasta filo 2,5 veces más ancha y de la misma longitud que el rabo y se marcan en una sartén por todas partes. Rellenamos luego los macarrones de verduras, cada uno con su correspondiente puré. En un plato alargado se acondicionan dos macarrones, el rabo de cordero y otros dos macarrones y, como colofón, se salsea con la vinagreta y unos brotes de mostaza.

Caja de bacalao desalado

Ingredientes para 4 personas · **Para el lomo de bacalao:** 2 lomos de bacalao, de 400 g cada uno · **Para la caja:** 100 g de pasta filo · 50 g de aceite de oliva virgen · 10 g de ajo fileteado · 1 g de guindilla roja · Sal y pimienta · **Para el empanado:** 15 piezas de pan de gambas · 150 g de aceite de oliva · **Para confitar el bacalao:** 500 g de aceite de oliva Virgen · Un trozo de guindilla seca · 6 dientes de ajo · **Para el jugo de tomate:** 500 g de agua de tomate clarificada · 2 clavos · 1 hoja de laurel · 10 g de pimienta negra entera · 150 g de aceite de ajo · 25 g de *resource* · **Para los callos de bacalao:** 200 g de callos de bacalao desalados · **Para la guarnición:** 12 hojas de *salty finger*

Modo de actuar para la caja: Con la ayuda de un cortador de la máquina de hacer pasta fresca se preparan unos hilos de pasta filo, se colocan extendidos en una bandeja de horno y horneamos durante 20 minutos a 145°C. Se reservan. El ajo con la guindilla se fríen a fuego lento y se retiran al momento del pase. Aliñamos la pasta filo con el aceite, la sal y la pimienta. **Para el empanado:** Tras suflar el pan de gambas en aceite, se escurre y se tritura con el rodillo. Se reserva de seguido. **Para confitar el bacalao:** El ajo se junta con la guindilla y se dora levemente. Con el aceite se confita el bacalao con delicadeza, sin freír. **Para el jugo de tomate:** Formamos una mezcla con el agua de tomate y las especias: clavos, laurel y pimienta. Se deja infusionar y, cuando esté bien aromatizado, se pasa por el colador y se le agrega un refrito de ajos. Se liga por último con *resource* y se reserva hasta la hora del pase. **Para los callos de bacalao:** Una vez cocidos los callos de bacalao, se dejan hervir unos 5 minutos; cuando pase este tiempo se retiran del fuego y se dejan enfriar en su propia agua, se limpian y recortan y se guardan junto con el jugo de tomate. **Final y presentación** El bacalao se confita en el aceite a 90°C durante 4 minutos. Luego, se cubre el fondo de la caja con pasta filo. En un plato hondo aparte se salsean los callos junto con la salsa, se acompañan seis hojas de *salty finger* y el lomo de bacalao, pasado antes por el empanado, y se acondiciona dentro de la caja. En el comedor el camarero sirve el bacalao de la caja al plato con los callos y el jugo, junto con parte de la pasta filo.

Huevo en tres minutos

Ingredientes para 4 personas · Para el huevo: 4 huevos · 250 g de vinagre de vino blanco · 1 l de caldo · **Para el caldo:** 100 g de jamón serrano · 25 g de ajo picado · 25 g de pimiento verde y rojo · 2 g de pimentón ahumado · 2 l de agua · **Para las setas:** 25 g de *ziza hori* (*Cantarellus cibarius*) deshilachada · 25 g de *Boletus edulis* laminado · 10 g de piel azul (*Lepista nuda*) · 10 g de shimeji · Aceite · **Para la base:** 10 g de pan frito · 10 g de daditos de panceta salteada · **Para decorar:** Hojas de ombligo y flor de begonia

Modo de actuar para el huevo: Durante dos días los huevos, se dejan en vinagre para que su cáscara se desintegre. Tras esto, se lavan bajo el agua fría y permanecen otros dos días en agua para eliminar el sabor a vinagre, cambiando la misma cada 8 horas; además, se dejan dos días más en el caldo. **Para el caldo:** El jamón laminado se tuesta en el horno a 160°C por espacio de 15 minutos. Se pica el ajo junto con el pimiento verde y rojo y se rehoga, se añade la cucharada de pimentón y el jamón y se cubre con el agua; se deja reducir a la mitad. **Para las setas:** La *ziza hori* y el hongo se fríen previamente pasados por harina; el resto de setas se saltean de manera tradicional. **Final y presentación** Antes de nada, se cuece el huevo en caldo hirviendo durante 3 minutos. Mientras tanto se coloca un poco de pan frito y la panceta en medio del plato, se deposita al instante el huevo para que quede sujeto y alrededor se reparten las setas junto con el ombligo y la begonia. En el momento en que se pincha el huevo, revienta y se mezcla con el resto de los ingredientes. Sabor entrañable, que se come con cuchara. Todos los ingredientes mezclados.

Ravioli de verduras

Ingredientes para 4 personas · Para el caldo herbáceo: 200 g de caldo de jamón · 20 g de cardifolia · 20 g de *tatsoi* · 5 g de *resource* · **Para el ravioli de nabo:** 8 láminas de nabo · 25 g de rábano *raifort* · 50 g de puré de patata · **Para el ravioli de remolacha:** 8 láminas de remolacha · 25 g de remolacha · 25 g de cebolla · **Para el ravioli de zanahoria:** Su papel: 50 g de zanahoria cocida · **Su relleno:** 25 g de zanahoria picada · 25 g de zanahoria licuada · Para el ravioli de coliflor: **Su papel:** 50 g de coliflor cocida · **Su relleno:** 25 g de coliflor picada · 25 g de puré de coliflor · **Para el ravioli de panceta: Su relleno:** 4 láminas de panceta de 4 x 3 cm y 1 mm de espesor · 20 g de caldo de panceta · 5 g de grasa de panceta · 3 g de *resource* · Grasa clarificada de *foie-gras*

Modo de actuar para el caldo herbáceo: Trituramos las hierbas junto con el caldo y el *resource*. Se calentará a no más de 40°C. **Para el ravioli de nabo:** Se recorta el nabo con un molde redondo de 8,5 centímetros de diámetro, se escalda y se deja enfriar. Aparte se mezclan el *raifort* y el puré de patatas y con la mezcla obtenida se rellenan las láminas de nabo. Se reservan. **Para el ravioli de remolacha:** Se recorta también la remolacha con un molde redondo de 8,5 centímetros de diámetro, se escalada y se deja enfriar. Después se rehoga la remolacha junto con la cebolla, ambas picadas en *brunoise*, durante 15 minutos, y con la mezcla obtenida se rellenan las láminas de remolacha y se reservan. **Para el ravioli de zanahoria: El papel:** Una vez trituradas y coladas las zanahorias, el resultado se extiende y se deja secar en la estufa a 50°C alrededor de 5 horas. La lámina obtenida se corta con un molde redondo de 8,5 centímetros de diámetro y se reserva. **El relleno:** Trituramos la zanahoria, se le añade la zanahoria licuada y se deja reducir hasta que espese. Se deja enfriar. **Para el ravioli de coliflor: El papel:** Después de triturar y colar, la coliflor se extiende y se deja secar en la estufa a 50°C durante 5 horas. La lámina obtenida se corta con un molde redondo de 8,5 centímetros de diámetro y se reserva. **El relleno:** A la coliflor ya rehogada, se le añade el puré y se reserva. **Para el ravioli de panceta: Para el relleno:** Triturar el caldo con la grasa y el *resource*. Con la lámina de panceta se hace un ravioli y se rellena. **Final y presentación** Con el ravioli dispuesto en medio del plato y alrededor el resto de raviolis, se calienta todo bajo el grill. Poner unas gotas de grasa de *foie-gras*. Se sirve una jarrita del jugo herbáceo y el camarero lo vierte entre medio de los raviolis delante del comensal.

Caldo de chipirón, minichipirón y pan frito

Ingredientes para 4 personas · **Para el chipirón:** 4 chipirones de anzuelo, limpios pero con su piel · **Para el caldo de chipirón:** 1 cebolla · 1 zanahoria · 500 g de carne de calamar · Agua · **Para el chipirón tinta:** 100 g de cebolla cocida · 1 tinta de chipirón · **Para el relleno de chipirón tinta:** 50 g de recortes de chipirón · 150 g de aceite de oliva · 25 g de harina · 25 g de maltodextrina · **Para el pan frito:** 100 g de aceite de oliva · 25 g de pan ecológico · **Para confitar el chipirón:** 200 g de aceite de oliva · **Para la presentación:** 4 flores de cebollino chino · 4 *oxalis*

Modo de actuar para el caldo de chipirón: Primero se tosta en la plancha tanto la carne de calamar como las verduras, se colocan luego los productos en una cazuela, cubrimos de agua y mantenemos a punto de hervir, sin llegar a hacerlo, durante 8 horas. Así se consigue que quede limpio y transparente. Pasar por la estameña **Para el chipirón tinta:** Bien triturada la cebolla junto con la tinta, se extiende sobre un *silpat* y se seca en la estufa durante 3 horas a 60°C. Con la ayuda de unas tijeras, se recorta el papel negro en forma de chipirón. Se reserva. **Para el relleno de chipirón tinta:** El chipirón picado fino se escalda, se pasa por harina y se fríe en el aceite de oliva hasta dejarlo crujiente. De seguido se tritura con una pizca de aceite, se junta con la maltodextrina y se forman bolitas de 4 gramos. Envolvemos entre el papel de chipión y se reserva. **Para el pan frito:** Cortamos el pan en cuadraditos de 1,5 centímetros de lado, se fríe en aceite y dejamos que escurra bien sobre papel absorbente. **Final y presentación** Con la ayuda de un termómetro, para tener la temperatura controlada, calentamos en una sauté el aceite de oliva a 80°C y confitamos el chipirón durante 1,5 minutos. Luego, el chipirón previamente confitado se deja que escurra el posible aceite sobrante y, por fin, lo ponemos de pie sobre un plato hondo caliente. Al lado le colocaremos el símil de chipirón tinta ya relleno, al otro lado el cubito de pan frito y, sobre este, unas flores de cebollino junto con el *oxalis* (especie de trébol ácido). Calentamos el caldo de chipirón y lo servimos en una jarrita de ración, para que se vuelque la medida exacta en cada plato.

Chipirón a la sal de Añana

Ingredientes para 4 personas · 1 kg de sal de Añana · 4 piezas pequeñas de chipirón de anzuelo · 50 g de tomate · 10 g de piparra de Ibarra fresca · 4 piezas de ajo tierno · 4 flores de cebollino chino · **Para el aceite saborizado:** · 4 tentáculos de chipirón · 15 g de harina · 100 g de aceite de girasol · 100 g de aceite de oliva · 20 g de pan duro

Modo de actuar Limpiamos los chipirones de anzuelo y del día, respetando su fina piel aún brillando de colores. Se reservan. Aparte se reservan también unos trozos de tentáculos para hacer el aceite saborizado, o se destinan alguno de ellos para ello. **Para el aceite saborizado:** Tras pasar los tentáculos por el harina, los freímos en aceite de girasol caliente, se escurren bien y trituran con el aceite de oliva y el pan frito. **Final y presentación** El tomate hecho rodajas finas se coloca como la base del plato. Por encima se reparten los chipirones limpios, pintados con aceite de oliva para evitar que luego se peguen al paño. Igualmente se acompañan los ajos tiernos, las flores de cebollino y las piparras (guindillas frescas) en rodajitas. Calentar a tope la sal y volcar la misma sobre el paño húmedo, que sujetaremos con un aro inoxidable. En el comedor, el camarero colocará el paño que contiene la sal ardiente sobre los chipirones y dejará que se cocinen 4 minutos. Retirar el paño con la sal, aderezar con el aceite saborizado de los tentáculos y darle sazón rallando un chuzo (estalactita de sal) sobre los chipirones, ya que antes no han tenido contacto con la misma. Solo habíamos utilizado la sal como método de cocción. **Nota** Este plato tiene origen en nuestro apoyo a la Fundación Salinas de Añana, que reconstruye estas antiquísimas salinas según y tal como fueron.

Langosta destilada

Ingredientes para 4 personas · 2 langostas, de 400/500 g cada pieza · 2 cafeteras modelo CONA · **Para el caldo:** Las cabezas de las dos langostas · 800 g de agua · Sal · **Para la guarnición:** 1 flor de cebollino · 30 g de salicornia · 30 g de espárrago del bosque · 2 flor de caléndula · 2 minipuerro (planta de puerro) · 4 hojas pequeñas de albahaca fina · 4 hojas de cebollino chino

Modo de actuar para el caldo: En una sartén antiadherente se dora, sin aceite, la cabeza de la langosta abierta por la mitad y, luego, se cubre de agua fría. Se infusiona durante 2 horas y media a 95°C, casi al punto de ebullición. Se cuela y se pasa por la estameña, se pone a punto de sal y se reserva. **Para la langosta:** Adormecemos la langosta en el abatidor, sin llegar a congelar. Al momento, se pela con la ayuda de unas tijeras y se corta cada cola en ocho medallones. **Final y presentación** Deshojamos la flor de cebollino y la caléndula. Aparte se corta el minipuerro en cuatro trozos cada uno y se marca en la plancha con una gota de aceite y sal. A su vez, se trocea cada hoja de cebollino chino en 4 trozos. Se montan las dos cafeteras igual. En la parte de arriba de la cafetera se colocan los ocho trozos de langosta y las verduras y aromáticos; en la parte de abajo, el caldo a 95°C, a punto de hervir. Una vez en la mesa, delante del comensal, se monta la cafetera y se prende el hornillo. Cuando el caldo suba a la copa de arriba, estará calentando/cociendo los medallones de la langosta y las hierbas. Mantenemos durante 2-3 minutos y apagamos el fuego. Al perder el vacío producido, en unos segundos caerá el caldo a través del filtro de cristal. Una vez el caldo cae en la jarra de abajo, se sirven los trozos de langosta a cada comensal en un cuenco junto con las hierbas y verduras, rociando el conjunto con un poco de caldo (consomé de langosta). El caldo se sirve aparte en un vasito de cristal, para beber. **Nota** Este plato fue creado para un evento que se celebró en Santa Ágata (Italia), en el restaurante Don Alfonso de nuestros grandes amigos, la familia Lacarino. Llevábamos cada uno de los chefs un par de platos creados para la ocasión. Fueron 35 privilegiados comensales que desayunaban, almorzaban, comían y cenaban de las manos de diez chefs europeos seleccionados por Enzo Caldarelli.

Bogavante asado con globo de especias

Ingredientes para 4 personas · 4 bogavantes, de 500 g cada uno · **Para el ravioli:** 4 cabezas de bogavante · 12 láminas de apio-bola · **Para el jugo:** Las cáscaras de 2 bogavantes · 100 g de agua · **Para el globo de especias:** 100 g de queso *mozzarella* · ½ cs de pimentón dulce · ½ cs de curry

Modo de actuar para el ravioli: Llevamos el bogavante durante 1 minuto y 10 segundos en la vaporera a 119°C. Se separan luego las cabezas, las pinzas y el cuerpo. Aparte abrimos las cabezas por la mitad y se marcan en la plancha por la parte de dentro. Se retira el coral con una cuchara y se reserva. Tras marcar en la plancha las láminas de apio-bola, se rellenan del coral de las cabezas dándoles forma de ravioli. **Para el jugo:** Igualmente se marcan las cáscaras en la plancha, se ponen en una *sauté* con el agua y se cuecen suave durante 20 minutos. Se cuelan por la estameña. Se reserva. **Para el globo de especias:** Una vez abierto el paquete de queso mozzarella, se le quita el agua y se desmenuza. Se lleva al microondas durante 30 segundos. Damos vueltas con ayuda de una cuchara y se retira todo el agua (suero) que ha soltado. Se vuelve a pasar otros 30 segundos por el microondas, sin tirar el agua para que no se deshidrate mucho, y se trabaja hasta que quede una pasta lisa como un chicle. Separamos una porción y calentamos al microondas otros 7-8 segundos con un poco de agua. Se trabaja ahora ya con los dedos, rápidamente para que no pierda temperatura, se le da forma de cubo y se coloca en la boquilla de un sifón. Se le pone aire hasta que se infle, se cierra por la base y se espolvorean las especias por encima. **Final y presentación** Una vez pelado el bogavante cortamos el cuerpo en seis trozos, que se marcan en la plancha con las pinzas peladas. Se salsea el fondo del plato, se disponen en él los raviolis y el bogavante y se coloca el globo encima.

Atún en papel cebolla con tamarillo

Ingredientes para 4 personas · 100 g de lomo de atún rojo · **Para el papel cebolla:** 1 cebolla · 1 tinta de chipirón · **Para la marinada:** 100 g de aceite de oliva · 5 g de jengibre fresco rallado · 2 g de ralladura de lima o limón verde · **Para la guarnición:** 2 cebolletas tiernas · 12 hojas de cebollino chino · 4 piezas de tamarillo · **Para la salsa:** 1 tamarillo · 20 g de agua · Sal · **Para el caldo:** 1 cebolla · 1 puerro · 1 zanahoria · 100 g de huesos y recortes de atún · 20 g de atún seco · 1 carambola · 20 g de bola de apio

Modo de actuar Cortamos el lomo de atún en cuatro trozos, en forma de cuadrados, y se incorporan de seguido 20 minutos en la marinada. **Para el papel cebolla:** Cocemos la cebolla cortada en cascos en agua hirviendo durante 12 minutos, se tritura luego en la Thermomix y se extiende sobre un *silpat*. Se seca al horno durante 45 minutos a 60°C, o se deja secando durante un día a temperatura ambiente en la cocina. Despegamos del *silpat* y hacemos rectángulos de 8 centímetros de largo x 4 centímetros de ancho. En el extremo de los rectángulos escribimos TIPULA (cebolla en euskera) con la ayuda de un palillo y la tinta de chipirón. Se deja que seque a temperatura ambiente. **Para la guarnición:** Tras cortar las cebolletas en rodajas de 0,5 centímetros de grueso, se marcan en la plancha tostándolas solo por un lado. Llevamos el cebollino 5 segundos a máxima potencia en el microondas, se enfría en agua y cortamos las puntas igualando las hojas. Se reserva. Se pela el tamarillo y se hacen bolas con el sacabolas. Se reserva. **Para la salsa:** Bien pelado el tamarillo, se le añade el agua y la sal, se tritura y se cuela. Se reserva. **Para el caldo:** Se dejan limpias las verduras. Se tuesta la cebolla en la plancha. Se marcan los huesos de atún en la plancha. Todo se cubre a continuación con agua fría y se cuece durante unas 8 horas sin que llegue a hervir. Pasado el tiempo, se cuela y se acompaña el atún seco. Se deja enfriar y se retira el atún. Cortamos el apio en bolitas con el sacabolas número 12 y la carambola en trocitos pequeños y se reservan. **Final y presentación** Ponemos a calentar la guarnición. Disponemos el cebollino en el plato y sobre este colocamos la cebolleta, un poco de salsa y el tamarillo. El lomo de atún lo doramos en una sartén dejándolo poco hecho, como una carne de buey. Como toque final, se envuelve este en el papel de cebolla con las letras a la vista, se reparte sobre él cebollino y en un cuenco al lado se sirve el caldo junto con las verduras.

Escabeche de atún al minuto con piparras

Ingredientes para 4 personas · **Para el atún:** 8 trozos de atún, de 40 g cada uno · **Para el aceite de atún:** 350 g de atún en aceite desmigado · 750 g de aceite de oliva · **Para el frasco:** 200 g de aceite de atún · 32 g de vinagre de vino tinto · 4 hojas de laurel · 12 granos de pimienta negra entera · 4 brotes de ajos tiernos · **Para la crema de atún:** 100 g de pulpa de atún · 8 g de agua · **Para la ensalada de lechuga:** 60 g de hoja de lechuga fresca · 12 flores de lechuga · **Para el pan de piparras:** 6 rebanadas de pan de molde finas · 6 piparras en vinagre

Modo de actuar para el aceite de atún: El atún desmigado se mezcla junto con el aceite, se tritura muy bien y se deja en reposo 24 horas. Cuando el aceite esté macerado, se cuela la pulpa y se reservan ambos ingredientes por separado. Mantener al aceite a 100°C. **Para el frasco:** Tras poner a punto de sazón, el atún se pasa por un poco de aceite para evitar que se pegue a las paredes del frasco durante la cocción. Se incorpora 1 centilitro de vinagre en el frasco, seguido por el ajo tierno, laurel y pimienta. Por último, se cubre con el aceite de atún caliente. **Para la crema de atún:** Ya escurrida, la pulpa de atún se calienta en una *sauté* a 70°C y se vierte el agua para ligar la crema. **Para la ensalada de lechuga:** Picamos la lechuga finamente, se lava bien y se escurre con la ayuda de una estameña. Se reserva. **Para el pan de piparras:** Las rebanadas de pan se ponen a tostar en la salamandra, tostadas por un solo lado; enseguida se colocan las piparras cortadas por la mitad y sin semillas, bien escurridas, por una de las mitades del pan y la otra encima formando un sándwich con un poco de presión. **Final y presentación** Una vez el bote se llena con el aceite caliente a 100°C, se cierra y lleva a la vaporera 2 minutos a 93°C. Mientras se cocina, sobre la pizarra o plato de presentación se deja el sándwich de piparras con un poco de la crema de atún templada, junto con la ensalada de lechuga por encima de la crema de atún; también, las flores de lechuga. Se dispone el bote en el plato y se presenta al cliente retirando el trozo de atún del bote y poniéndolo sobre el pan de piparras, acompañado de su ajo tierno y un poco de su escabeche.

Buey en patata de cobre y puré de lentejas

Ingredientes para 4 personas · 400 g de solomillo de buey · Sal · Pimienta · Tomillo · Cebollino · **Para la patata de cobre:** 250 g de patata · 125-175 g de agua caliente · 3 g de sal · 3 g de colorante en polvo color cobre (alimentario) · **Para el jugo de buey:** 150 g de recortes de buey · 35 g de cebolla · 30 g de aceite de oliva · 3 granos de pimienta · **Para el puré de lentejas:** 400 g de agua · 100 g de lentejas · 1 g de ajo · 10 g de cebolla · 10 g de puerro · 10 g de tomate · 10 g zanahoria · **Para las lentejas fritas:** 20 g de lentejas cocidas deshidratadas · Aceite · Sal · **Para la esponja de mantequilla:** 150 g de mantequilla · 20 g de chorizo

Modo de actuar Una vez limpio y porcionado el solomillo, se hacen tacos de 50-60 gramos. Se reservan los recortes para el jugo. **Para la patata de cobre:** Pelada y troceada, la patata se pasa por la Thermomix con agua durante 25 minutos al máximo de temperatura. Cuando esté bien cocida y triturada, se espolvorea con el polvo de cobre y, si es necesario, se cuela. Se extiende sobre un *silpat* y se deja secar. O también se cuece en la vaporera 9 minutos a 119°C, se tritura con su agua y se le da el color. Se cuela y se extiende en un *silpat* **Para el jugo de buey:** Doramos la carne sazonada en una cazuela con aceite bien caliente, se incorpora la cebolla y se deja dorar bien. Se desglasa con brandy, se moja con agua, sin cubrir del todo, y se deja reducir. Se cuela y se reserva. **Para el puré de lentejas:** Ponemos las lentejas con el agua al fuego y dejamos que cuezan 1 hora. Se hace un refrito con las verduras y se agrega a las lentejas. Se mantiene después la cocción otros 20 minutos, se tritura el puré y se cuela. **Para las lentejas fritas:** Las lentejas, cocidas y deshidratadas, se fríen en aceite bien caliente. Agregar sal y reservar. **Para la esponja de mantequilla:** En una *sauté* a fuego medio se pone la mantequilla con el chorizo y se clarifica todo junto. Se cuela y se deja enfriar, removiendo hasta que tome consistencia de crema inglesa. La crema obtenida se pasa a un sifón a 25°C, con dos cargas, y se vuelca sobre una cubeta de vacío que se pone a congelar. Una vez congelada, se le quita el vacío y se corta en trozos irregulares. Se reserva congelada. **Final y presentación** Cada taco de carne se marca en una sartén antiadherente, se sazona de sal y pimienta y se espolvorea de tomillo y cebollino picados. Envolvemos luego uno a uno con la patata de cobre y marcamos en una sartén. Se dejan reposar 10 minutos y, al momento del servicio, se llevan al horno para terminar su cocción. Se pone una cucharada del puré de lentejas en medio del plato, sobre este las lentejas fritas, a un lado se colocan los tacos de buey y, al otro, la esponja de mantequilla, sobre la que el camarero vierte el jugo de la carne, que viene en salsera aparte.

La ternera del cocido con zanahoria y chirivía

Ingredientes para 4 personas · Para el jarrete de ternera: 1 jarrete de ternera con su hueso · **Para el caldo:** 1 hueso de rodilla · 250 g de recortes de ternera · **Para la guarnición:** 200 g de zanahoria · 25 g de salicornia · 25 g de brotes de espárrago verde · **Para el puré de chirivía:** 200 g de chirivía · 25 g de aceite de oliva virgen

Modo de actuar para el jarrete de ternera: Una vez envasado el jarrete al vacío, se cuece en la vaporera unos 620 minutos a 95°C. Pasado este tiempo, se abre la bolsa y se recupera el caldo que ha soltado; luego, se quita el hueso y se separa en dos partes. Se envuelve en papel film, recomponiendo el morcillo y llevándolo al abatidor de temperatura. Se reserva. **Para el caldo:** En una cazuela con agua fría al fuego, se echan la carne de recortes y los huesos de rodilla troceados. Se va espumando continuamente y se deja al fuego durante 5 horas, sin que llegue casi a hervir. Al cumplir el tiempo, se cuela el caldo por la estameña y se reserva. **Para la guarnición:** La zanahoria una vez pelada, se corta y cuece en agua hirviendo sazonada durante 10 minutos. Se tritura a continuación en la Thermomix, se pasa por el cedazo y se extiende sobre un *silpat*. Se seca 90 minutos en el horno precalentado a 60°C. Ya fuera del horno, se corta en rectángulos de 5 x 3 centímetros y se le da forma de canutillo. Se reserva. **Para el puré de chirivía:** Bien pelada, la chirivía se corta y cuece en agua hirviendo sazonada unos 15 minutos. Se pasa al instante por un cedazo, se le mezcla el aceite y se reserva este puré. **Final y presentación** Tras cortar el jarrete de ternera en rodajas gruesas, se doran en una sartén por ambos lados. Se remojan con el caldo, se va incorporando luego más caldo poco a poco según vaya caramelizando y se prueba este de sazón. Los brotes de espárrago o espárragos silvestres se saltean unos segundos y se acondicionan a un lado del plato junto a la salicornia. Rellenamos a su vez los canutillos de zanahoria con el puré de chirivía y, también, los ordenamos a un lado del plato. Se coloca, por último, la rodaja del jarrete de ternera en medio y se salsea con el jugo reducido que nos ha quedado en la sartén.

Lomo de cordero con cebada y malta, tempura negra de verduras

Ingredientes para 4 personas · Para el cordero: 1 lomo de cordero limpio, de 400 g aprox. · Sal · Pimienta · **Para el caldo:** 200 g de huesos de cordero · 50 g de cebolla · Vino blanco · Agua · **Para la cebada suflada:** 50 g de cebada · 1 kg de agua · 100 g de aceite de oliva · **Para el candi de tomate:** 100 g de agua de tomate · 50 g de maltodextrina · 10 g de glucosa · 500 g de maicena para secar · **Para la tempura de malta:** 20 g de harina de malta · 100 g de harina de arroz · 50 g de harina de trigo · 25 g de nutriosa · 6 g de sal · 1 bolsa de tinta de chipirón · **Para las verduras en tempura:** 70 g de pimiento rojo · 30 g de espárrago blanco limpio · 8 ajetes tiernos frescos · 20 g de harina · **Para la presentación:** Plata alimentaria

Modo de actuar para el caldo: Se asan los huesos de cordero con la cebolla en el horno a 198°C, durante 20 minutos. Que estén bien dorados. Los colocamos luego en una cazuela y se añade vino blanco, se reduce y se remoja con agua; se deja reducir a la mitad y se pasa por la estameña. Se liga y se reserva. **Para la cebada suflada:** Cocemos la cebada en el agua hasta que quede cocido el grano, que se seca en una bandeja en el horno a 60°C durante 1 hora. Se sufla friéndolo en el aceite bien caliente, se sazona y se reserva. **Para el candi de tomate:** Tras extender la maicena en una bandeja honda, se hacen con ella unas medias esferas. Aparte se reduce el jugo de tomate con la glucosa y la maltodextrina a un tercio. Se rellenan luego los huecos en semiesferas de maicena con este jugo de tomate espeso y se espera durante, aproximadamente, 30 minutos. **Para la tempura de malta:** Con los ingredientes todos juntos, se ajusta la mezcla de agua y se reserva. Se cortan todas las verduras, se pasan por la harina y se sumergen en la tempura para enseguida freír por primera vez. **Final y presentación** Una vez salpimentado el cordero, se marca en la parrilla de carbón por todos sus lados. Mientras tanto se terminan de freír las verduras por segunda vez en aceite bien caliente y, justo al momento de emplatarlas, se les pasa un poco de polvo de plata alimentaria por encima para representar las brasas. Al momento de emplatar se reparte la cebada por el fondo, por encima el cordero y por los lados las verduras en tempura de malta, a un lado el candi de tomate y las hojas verdes. Se presenta con la salsa de cordero en una jarrita, que se coloca aparte para que al servir el camarero lo eche sobre el candi de tomate y este se funda.

Cuajada a la vista con frutos rojos y pétalos

Ingredientes para 4 personas · Para la cuajada o *mamia*: 800 ml de leche de oveja · Sal · Una piedra caliente o un hierro al rojo · **Para la jalea:** 50 g de grosellas · 50 g de mirtillos · 50 g de fresas del bosque · 50 g de fresas · 50 g de arándanos · 50 g de miel · 50 g de azúcar · 2 hojas de gelatina · **Para los pétalos:** 4 flores de borraja · 1 orquídea · 4 flores de pensamiento

Modo de actuar para la cuajada o *mamia*: Ponemos la leche a hervir con una pizca de sal. Una vez hierva, se retira del fuego y se le pasa un quemador al rojo vivo. Se va probando el punto de quemado, se retira y se reserva. **Para la jalea:** Todos los ingredientes se juntan al fuego (menos la gelatina) y se cuece a fuego muy suave, durante una hora. Se cuela con ayuda de una estameña y se incorpora la gelatina previamente remojada. Ya disuelta, se pone en vasitos individuales donde luego se hará la cuajada. Se reserva. **Final y presentación** Con los pétalos dispuestos en los vasitos, se echa en cada uno dos o tres gotas de cuajo natural de farmacia. Se templa la leche a 50°C y se pasa a una jarra. En la mesa, el camarero coloca el vaso delante del cliente y añade la leche a 50°C al vasito. Sin tocar el vaso, la leche se cuaja en dos minutos. Este postre tiene su origen en un fallo que nos dio la idea de hacer cuajar la leche delante de los ojos del comensal, debido a la temperatura elevada de mezclar la leche con el cuajo.

Tambor de Calanda

Ingredientes para 4 personas · Para el granizado: 250 g de piel, trozos y huesos de melocotón · 50 g de azúcar · 250 g de agua · **Para la crema:** ½ kg de melocotón (sin piel ni huesos) · 50 g de agua · 50 g de azúcar · **Para la 'piel':** ½ kg de melocotón (sin piel ni huesos) · 250 g de agua · 250 g de azúcar · **Para decorar:** Dados de melocotón · 8 almendras tiernas · Hojas de lavanda

Modo de actuar para el granizado: Todos los ingredientes se hierven a fuego lento por espacio de 25 minutos. Se cuelan y se ponen a congelar. El granizado se prepara rascando directamente sobre la superficie congelada. **Para la crema:** Horneamos los ingredientes durante 25 minutos a 170°C. Pasado este tiempo, se trituran en la Thermomix y se cuelan. Una vez fría, la crema se lleva a un sifón. **Para la 'piel':** Cocemos los ingredientes 25 minutos a fuego lento. Se escurren al finalizar la cocción y se trituran en la Thermomix. Extendemos una capa fina en un *silpat* y secamos en el horno durante 60 minutos a 60°C. Se cortan después circunferencias de tamaño un centímetro mayor que el del bol donde vamos a emplatar. **Final y presentación** Sobre el fondo del bol se reparte el granizado y cubrimos con la crema. Encima se ponen las almendras y los dados de melocotón. Se tapa el bol con la 'piel' y se ponen unas hojas de lavanda encima. **Nota** Este postre se compuso en honor de la ciudad de Calanda, de donde además de ser el cineasta Buñuel, son famosos sus tambores y, sobre todo, desde el punto de vista gastronómico, la gran calidad de sus melocotones

Sorbete de ruibarbo con hierbas escarchadas

Ingredientes para 4 personas · Para el requesón de granadina: 1 l de leche de oveja · 250 g de granadina · **Para el sorbete de ruibarbo:** 300 g de azúcar · 100 g de agua · 500 g de tallos de ruibarbo maduros · 1 botella de cava · 5 g de estabilizante por cada litro de infusión · 15-20 g de *resource* · **Para la miel de pimienta rosa:** 300 g de miel de abeja · 3 g de agua · 4 g de pimienta rosa quebrada · **Para las flores escarchadas:** 20 g de claras de huevo · 20 g de glucosa · Menta · Melisa · Salicornia · Brote de shisho · Flor de tomillo · Flor de romero · Ficoide glacial · 40 g de azúcar

Modo de actuar para el requesón de granadina: Colocamos en una olla la leche de oveja con la granadina, batiéndola, y se deja que hierva. Una vez se corta, se retira del fuego y escurre en una estameña hasta que haya perdido todo el suero. Se deja reposar. Ya en frío, pasamos por un colador para que quede desmigado. **Para el sorbete de ruibarbo:** Hacemos un caramelo con el agua y el azúcar y, una vez tenga un color rubio, se incorporan los tallos de ruibarbo. Se desglasa con el cava, se deja cocer 20 minutos y se cuela. Una vez esté frío, se agrega el estabilizante y el *resource* y se mezcla en la Thermomix. Se cuela y se pone a turbinar en la sorbetera. **Para la miel de pimienta rosa:** Mezclamos la miel, el agua y la pimienta rosa y dejamos que repose un día en la cámara. Se cuela. **Para las flores escarchadas:** Las claras de huevo se juntan con la glucosa, templando ligeramente a 40°C, y se untan las hojas con los dedos. Se pasa de seguido por el azúcar y se dejan reposar sobre un *silpat* en un lugar seco. **Final y presentación** Acondicionamos el requesón en forma de montaña y sobre este, las hierbas escarchadas. Como adorno, ponemos una bolita de sorbete y, en una jarrita aparte, la miel.

Rulo gitano con leche merengada y salsa de moras

Ingredientes para 4 personas · Para el bizcocho: 6 huevos · 210 g de azúcar · 150 g de harina · 25 g de cacao · **Para el relleno:** 115 g de mantequilla · 120 g de chocolate 70% · 25 g de azúcar · 3 huevos · 1 yema · **Para la salsa de moras:** 50 g de agua · 30 g de azúcar · 300 g de moras · **Para la leche merengada:** 3 g de canela en rama · 1 g de corteza de limón · 70 g de azúcar · 4 hojas de gelatina · ½ l de leche · **Para el granulado de leche merengada:** 50 g de azúcar cason · 2 g de canela en polvo · 2 g de corteza de limón rallada

Modo de actuar para el bizcocho: Montamos los huevos en la batidora con el azúcar y se les incorpora la harina y el cacao. Tras mezclar y hornear en un molde rectangular a 180°C durante 15 minutos, se deja enfriar y se congela. **Para el relleno:** Se disuelven la mantequilla y el chocolate, se añaden los huevos y el azúcar y se mezcla. **Para hacer el rulo:** El bizcocho se trocea en la cortadora al número 2, se unta con el relleno de chocolate y se enrolla. Este rulo, se congela. **Para la salsa de moras:** Ponemos a hervir todos los ingredientes juntos durante 5 minutos, se cuela y se reserva.

Para la leche merengada: Mantener en el frigorífico los ingredientes por espacio de 24 horas. Disolvemos la gelatina con ¼ parte de la leche, al apartar del fuego se acompaña el resto de la leche y se pone a montar en la batidora. Se vierte al momento en un molde rectangular y se congela. Para el granulado de leche merengada: Se mezclan todos los ingredientes y se reserva. **Final y presentación** Se corta la leche merengada con un molde redondo de 5 centímetros de diámetro y los trozos obtenidos se salpican con el granulado por encima. Bien pintado con mantequilla, el rulo se espolvorea de azúcar glas y se marca en una sartén antiadherente. En medio de un plato se vierte la salsa de moras, a un lado se pone la leche merengada y al otro el rulo.

Ravioli de frutas licorosas con su sopa de manzana

Ingredientes para 4 personas · Para los papeles de frutas: Papel de melocotón: 1 kg de melocotón maduro · 200 g de agua · Azúcar · **Papel de plátano:** 1 kg de plátano pelado · Azúcar · **Papel de piña con boniato:** 800 g de zumo de piña natural colado · 250 g de boniato pelado crudo · 35 g de piña en polvo · **Para los rellenos: Licor de melocotón:** 180 g de licor de melocotón · 20 g de agua · 15 g de *resource* · **Licor de plátano:** 160 g de licor de plátano · 30 g de agua · 15 g de *resource* · **Licor de piña:** 100 g licor de piña · 100 g de jugo de piña pasado por un colador de café · 15 g de *resource* · **Para la sopa de manzana:** 600 g de jugo de manzana licuado · 2 g de piel de lima · 17 g de *resource* · **Para la mantequilla *noisette*:** 50 g de mantequilla · **Para decorar:** Hojas de albahaca limonera · Azúcar glas

Modo de actuar para los papeles de frutas: Papel de melocotón: Los melocotones ya limpios se trocean sobre una bandeja, se espolvorean con el azúcar y se llevan al horno a 180°C hasta que estén caramelizados. A mitad de cocción se desglasa la bandeja con agua y se separa todo el sabor que está caramelizado; cuando están listos, se trituran y se pasan por el colador. Una vez colado, se estira sobre un *silpat* y se pone a secar dentro de la estufa durante aproximadamente un día a 60°C. Ya seco, se retira del calor y cortan los raviolis con un cortapastas acanalado de 6 centímetros de diámetro. A la hora del pase, se rellenan con su licor. Proceder de la misma manera con el resto de raviolis. **Papel de plátano:** Cortamos el plátano y los trozos se pasan a una bandeja que se lleva a la vaporera a cocer durante 4 minutos a 119°C. Terminada la cocción, se escurre bien y se tritura; si es necesario, se ajusta de azúcar y se pasa por el fino. Después de colar, se estira sobre un *silpat* y se seca al calor de la estufa igual que el de melocotón. **Papel de piña con boniato:** Igualmente la piña se trocea en limpio y se cocina en la vaporera a 119°C unos 6 minutos. Los trozos han de ser del mismo tamaño, para que su cocción sea uniforme. Una vez listos, se reservan. Aparte se pela el boniato, se corta en trozos pequeños y se cuece 4 minutos en la vaporera a 119°C. Nada más finalizar, se escurre bien y se junta con la piña. Trituramos ambos ingredientes y, bien incorporados, se acompaña el polvo de piña, que también se deja incorporar al conjunto. Tras colar, se extiende en un *silpat* y se pone a secar. **Para los rellenos:** Licor de melocotón y licor de plátano: Vertemos los licores cada uno en una jarra, por separado, y agregamos el *resource* y el agua. Se trituran bien con el brazo batidor y se reservan aparte. Para ambos licores será el mismo proceso. **Licor de piña:** Mezclamos el jugo y el licor de piña con el *resource* y se reserva. Es necesario incorporar bien para evitar grumos. **Para la sopa de manzana:** El jugo de la manzana lo ponemos al fuego junto con la piel de limón y, con el primer hervor, se apaga y se deja reposar. Se cuela por una estameña, se separan 500 gramos y se ligan con el *resource*. Se reserva. **Para la mantequilla *noisette*:** Dejamos derretir la mantequilla sobre el fuego y, ya en estado bien líquido, se espera a que clarifique y que los sedimentos de suero se quemen. Esto dará una mantequilla noisette, que se retira del fuego cuando alcance el punto deseado, se cuela y se reserva. **Final y presentación** Acondicionamos en la base del plato los raviolis espolvoreados con azúcar glas, un poco de albahaca limonera y unas gotitas de manquilla noisette. Aparte se sirve una jarrita con la sopa de manzana, que se sirve en la mesa delante del comensal.

Los aromas materializados del oporto

Ingredientes para 4 personas · Para el sabor de tierra: 250 g de zumo de remolacha · 25 g de clara de huevo en polvo · 1,16 kg de azúcar *isomalt* · 345 g de agua · 115 g de glucosa · 20 hojas de gelatina · **Para el sabor de cacao (el 'bolao'):** 500 g de azúcar · 200 g de agua · 30 g de glasé *royal* · 100 g de chocolate 74% · 25 g de manteca de cacao · **Para el sabor de frutos del bosque:** 100 g de fresa · 50 g de azúcar · **Para el *brioche*:** 100 g de masa de *brioche*

Modo de actuar para el sabor de tierra: Montamos las claras en polvo junto con el zumo de remolacha. Mientras tanto preparamos aparte un caramelo con el azúcar *isomalt*, el agua y la glucosa (121°C), agregamos poco a poco sobre la remolacha montada y dejamos templar. Una vez temple, se adicionamos la gelatina líquida y se deja enfriar. Se estira la mezcla sobre un *silpat* con maicena espolvoreada y se seca al horno a 50°C por espacio de 24 horas. **Para el sabor de cacao (el 'bolao'):** Hervimos el agua y el azúcar a 140°C, incorporamos el glasé royal y mezclamos según suba. Se pasa al momento a un molde hondo rectangular y se cuece en el horno a 150°C unos 4 minutos. Tras enfriar, se corta en trozos irregulares. Para bañar, ponemos el chocolate junto con la manteca al calor. Cuando se derrita tomamos los trozos de *bolao* y se pasan por el baño de manteca y chocolate. Se deja escurrir muy bien y se reservan. **Para el sabor de frutos del bosque:** Se ponen al fuego las fresas junto con el azúcar, se deja cocinar, se tritura y se reserva. **Para el *brioche*:** Formamos una bolita de 12 gramos con la masa de brioche y se pone a cocer dentro de la vaporera un tiempo de 9 minutos a 90°C. Tras freír en aceite a 180°C, se reserva. **Final y presentación** Con la ayuda de una jeringuilla, se rellenan de salsa de frutos rojos los panes de brioche y se reservan. Troceamos el aroma de tierra y ponemos en nitrógeno líquido; se retira pasados 10 segundos y deposita sobre el plato. Al mismo tiempo se pasan también por el nitrógeno los trozos de sabor de cacao, se dejan un par de segundos y se acondicionan igualmente en el plato. Se repartes luego por el plato unas gotas de salsa de frutos rojos. El plato debe llegar al comensal sacando humo. Por el nitrógeno.

Melocotón en almíbar

Ingredientes para 4 personas · Para el melocotón: 200 g de melocotón · 25 g de mantequilla · 50 g de azúcar · 100 g de zumo de melocotón · **Para bañar:** 100 g de manteca de cacao · 1 bote de espray de manteca con colorante · **Para la torrija:** 50 g de leche · 10 g de licor de cerezas · 10 g de azúcar · 1 huevo · 100 g de brioche con cerezas · **Para el almíbar:** 500 g de agua · 50 g de caramelos de eucalipto · 150 g de citronelle fresco · 1,5 g de xantana · **Para la presentación:** Pétalos de caléndula · Hojas de menta

Modo de actuar para el melocotón: Ponemos en una bandeja el melocotón troceado con la mantequilla y el azúcar y doramos en el horno a 190°C durante 20 minutos. Se moja con el zumo, se tritura y se cuela. Se deja luego el puré en un *silpat* de semiesfera en el congelador por tiempo de 24 horas. Una vez bien congelados, se retiran y se pegan haciendo un corte por la mitad simulando un minimelocotón. Se reserva. **Para bañar:** Damos un baño con la manteca de cacao líquida (45°C), dejamos cuajar y rociamos con el espray. Se pone a descongelar el interior en el frigorífico. **Para la torrija:** Batimos la leche junto con el licor, el azúcar y el huevo. Se empapa el brioche durante unos minutos y se marca en una sartén dorándolo por todos los lados. **Para el almíbar:** Calentamos el agua y se funden en ella los caramelos de eucalipto. Se suma la citronelle rota y se deja infusionar. Ya en frío, se pasa por la estameña y se liga con la xantana. Se reserva. **Final y presentación** Ponemos un melocotón en un bote de cristal de los de conserva y se rellena el resto con el almíbar perfumado. Se acompañan las hojas de caléndula y de menta. En un plato hondo se deposita la torrija de cereza y, en la sala, el camarero retirará delante del cliente el melocotón del bote del almíbar y lo colocará al lado de la torrija. Le servirá también, en un vasito, un par de cazitos del almíbar para que se lo pueda beber. Se recomienda entonces al comensal que rompa el minimelocotón de un golpe seco con el revés de la cuchara.

Crema de fresas con perlas de yogur helado

Ingredientes para 4 personas · Para la crema de fresas: 500 g de nata · 500 g de fresas · 200 g de azúcar · **Para la crema de fresas cuajada:** 500 g de infusión de fresa · 120 g de yema · 2 g de colorante rojo natural · Azúcar moreno para quemar · **Para las perlas líquidas de fresa:** 200 g de puré de fresas · 25 g de licor de fresas · Nitrógeno líquido · Espray de manteca color rojo · **Para las perlas de yogur helado:** 100 g de yogur griego · Nitrógeno líquido · **Para la presentación:** Azúcar moreno o moscabado para quemar · 10 grosellas frescas

Modo de actuar para la crema de fresas: Hacemos una infusión con la nata, las fresas cortadas y el azúcar y se deja cocinar durante 45 minutos a fuego muy lento. Una vez listo, se retira y cuelan apretando bien las fresas para que suelten todo su sabor. Se reserva y se deja enfriar. **Para la crema de fresas cuajada:** Mezclamos la infusión de fresas con las yemas y las gotas de colorante. Después de colar, se pone dentro de los platos en los cuales se va a servir. Se lleva entonces a la vaporera por tiempo de 30 minutos a 90°C, para cuando esté lista retirar y reservar aparte. **Para las perlas líquidas de fresa:** Ponemos en un biberón el licor de fresa junto con la pulpa de fresa fresca y se deja gotear en nitrógeno líquido. Una vez las gotas bien congeladas, se pasan dentro de un colador y se bañan con el espray de cacao de color rojo. Se trasladan al congelador y se quitan del frío justo al momento de servir. **Para las perlas de yogur helado:** Se lleva el yogur dentro de un biberón y se gotea sobre nitrógeno líquido. Nada más las perlas estén bien congeladas, se reservan en congelación hasta la hora de servir. **Final y presentación** Quemamos la crema de fresas con un soplete y azúcar moreno como si se tratara de una *crème brulée*. Sobre el azúcar quemado se distribuyen las perlitas rojas y, también sobre este mismo, las perlitas líquidas bañadas de manteca con anticipación para que puedan volverse líquidas. Se agregan las perlitas de yogur helado y las grosellas frescas.

Flor de melocotón

Ingredientes para 4 personas · Para la flor de melocotón: 4 melocotones · 500 g de jarabe al 50% · 5 gotas de colorante rojo alimentario · 50 g de lactitol · **Para el melocotón asado:** 4 ½ melocotones hermosos · 100 g de azúcar · 50 g de mantequilla · **Para el sorbete de melocotón**

asado: 200 g de recortes de melocotón asado · 35 g de azúcar · 200 g de zumo de melocotón · 15 g de licor de melocotón · **Para la leche de chufa:** 500 g de chufas en remojo · 500 g de agua · 50 g de azúcar · Reservar 10 chufas para laminar o rallar

Modo de actuar para la flor de melocotón: Cortamos el melocotón en la cortafiambres al número 1; después, sumergimos las láminas en el almíbar rojo que hemos realizado mezclando el jarabe con las gotas de colorante rojo. Se deja macerar por 4 horas, para una vez el melocotón ha tomado el color escurrirlo bien y ponerlo sobre un *silpat* a deshidratar. Cuando esté deshidratado, se reserva. Fundir el lactitol, templar las láminas de melocotón al calor de una sartén puesta a fuego medio para que sean flexibles y, dándoles forma de pétalos, las unimos con el lactitol componiendo una flor. **Para el melocotón asado:** Troceamos los melocotones sacando dos medios enteros de cada uno. Se disponen luego sobre la mantequilla y el azúcar fundidos y se pasan por el horno a 180°C unos 12 minutos. Quitarles la piel nada más retirar del calor y reservarlos. **Para el sorbete de melocotón asado:** Acondicionamos en una bandeja de horno los restos de los trozos de los melocotones que hemos utilizado para hacer la flor y recortes de los medios melocotones asados, y llevamos al horno junto con la mantequilla y el azúcar. Una vez adquieran color, se desglasan con el licor y el zumo de melocotón y se dejan reducir. Apartamos del horno para triturar, colar y pasar a un vaso de *Paco Jet* a fin de que cuando esté congelado se turbine. **Para la leche de chufa:** La víspera, ponemos la chufa a remojo. Al momento de utilizar, la escurrimos y juntamos con el agua y el azúcar. Trituramos y colamos, apretando para obtener el máximo sabor. Se reserva al frío hasta su empleo. **Final y presentación** Templamos el medio melocotón asado, lo instalamos sobre el plato junto al polvo o láminas de chufa con el sorbete de melocotón asado por encima y, sobre estos, la flor de melocotón crujiente. Acompañar una jarrita de leche de chufa fresca fría, bien espumosa. El camarero servirá la leche de chufa en la sala alrededor del melocotón.

Lima-limón

Ingredientes para 4 personas · Para la lima: 3 g de ralladura de lima · 100 g de zumo de manzana *granny smith* clarificado · 10 g de azúcar · 4 globos pequeños, de los que usan los niños · Nitrógeno líquido · **Para la salsa de ron:** 50 g de azúcar de caña · 50 g de ron añejo · **Para la nata de coco:** 100 g de nata · 65 g de coco soluble · **Para la crema de limón:** 250 g de agua · 100 g de azúcar · 25 g de miel · 10 g de piel de limón · 250 g de limón amarillo pelado · 100 g de lima pelada · 15 g de cáscara de limón

Modo de actuar para la lima: Tras infusionar 24 horas el zumo con el azúcar y la ralladura, se cuela y se llena un sifón. Rellenamos los globos de agua de manzana y los sumergimos 1 minuto en nitrógeno, dándoles vueltas. Se les retira luego la goma y se vacían haciendo un pequeño agujerito en la base de los mismos. Se reservan en el congelador. **Para la salsa de ron:** Mezclamos el ron con el azúcar y lo dejamos reducir al fuego. Cuando tenga la consistencia deseada, se retira y se deja enfriar. **Para la nata de coco:** Mezclamos ambos ingredientes y montamos tres cuartos. Se reserva en el frigorífico hasta el momento del pase. **Para la crema de limón:** Llevamos los ingredientes a la licuadora y los dejamos triturar durante 5 minutos. Se cuela bien y monta con el *resource*. Se reserva en un lugar muy frío. **Final y presentación** Retiramos del congelador la lima, la rociamos con un espray verde y la rellenamos con la crema de limonada. Sobre el plato se traza una quenefa de nata montada de coco, la aplastamos por la mitad y encima acondicionamos la lima rellena con unas cuantas gotas de la salsa de ron.

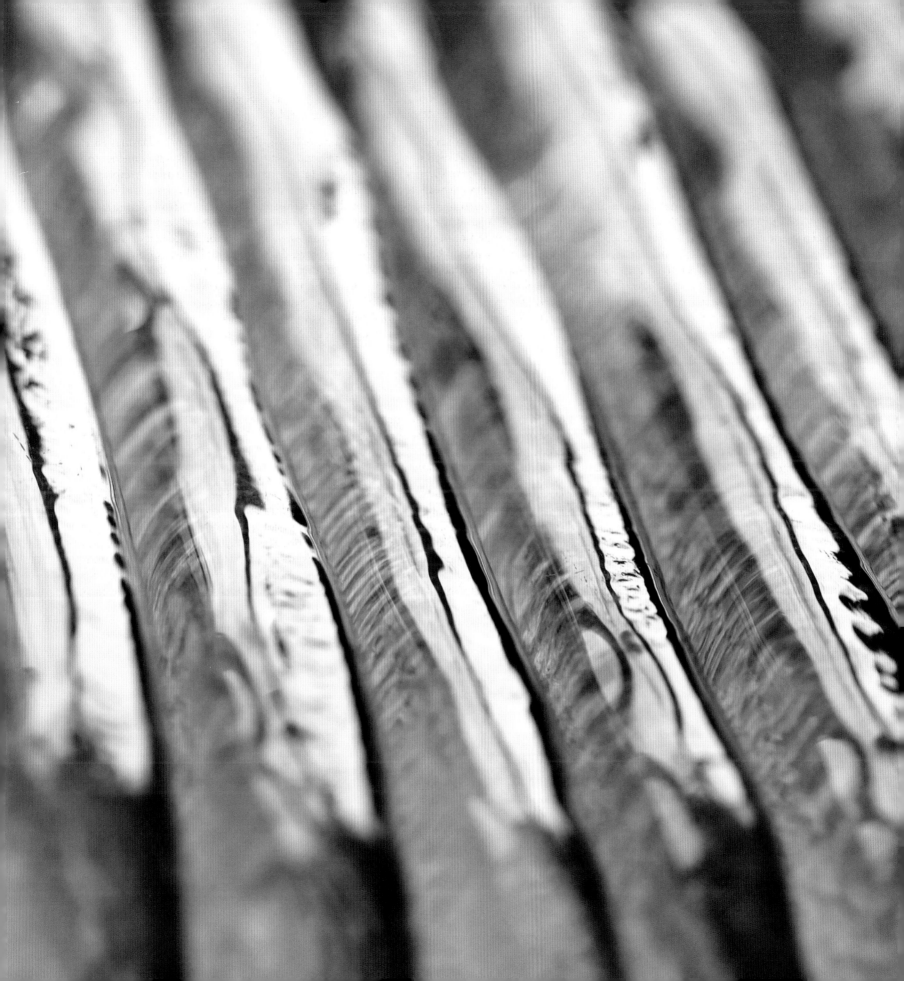

Wine pairings for the Aranori and Bekarki menus

Here we have provided some wine pairing suggestions for the dishes on both menus.

Our approach works for both menus, and we occasionally recommend one wine for two dishes, irrefutable proof of the versatility of many wines.

Pairing food with wine is an art, and can never be definitive. Not only do you have to take into account the dish itself, but also continuity with the previous wine. Therefore, the following suggestions are not hard and fast rules. Everything can be tweaked on occasion, and sometimes pairings that may seem bizarre can be surprisingly successful.

The appetisers should be accompanied by a traditional method sparkling wine (champagne, cava), your choice of either extra brut or brut nature. Its dry palate will prepare us for the long tasting ahead.

We propose that you pair the prawns and the txangurro with the fresh bouquet of our local wine, *txakoli,* from Getaria. Slightly sparkling, it dances on the tongue with the flavours of the sea.

To go with the mussels and the razor clam we suggest another white with Atlantic character, but with a broader palate. An albariño or godello, aged on its lees, in all its simplicity, would make a perfect match.

The Ibérico ham, mushroom and parmesan flavours allow us to experiment with the complexity of an old dry sherry, such as a palo cortado or amontillado. These unique wines should be tasted carefully, drop by drop, and allowed to flow around the mouth and coat the palate.

For the fresh foie gras we rely on that great classic, a sauternes. However we also pair this dish with Hungarian tokajis of no more than 5 puttonyos, or sometimes even an iced cider, as apple complements foie gras so well. Our one condition is that the chosen sweet wine has the required acidity or bitterness to balance out the fat in the foie gras.

Baby peas, baby vegetables and eggs are complicated ingredients to pair with wine. In this case we look to partner them with a wine with a crisp palate, such as a sauvignon blanc from the Loire (Sancerre, Pouilly Fumé). The liveliness of these wines also goes well with the texture of the thin slices of cod.

The intense flavour of the (whole) red mullet and the firmness of the turbot combine beautifully with broad and acidic whites (Priorats, Navarre chardonnays, barrel-aged verdejos) and can also withstand the smooth and lively texture of young, medium fruity wines (mencias from Bierzo, Galicia).

The rounded tannins present in certain Mediterranean wines which use the monastrell grape, either on its own or blended with other grapes (shiraz, cabernet), eagerly seek out the lean lamb meat. They also pair well with the crispy texture of the suckling pig, and are a sublime accompaniment to its Ibérico emulsion.

The complex aromas and silky texture of our 'grand reserves', classics like a ten-year-plus rioja or ribera, or, dare we say it, a burgundy, complement the textures of the tender pigeon breast and the aromas of the hare á la royale. What about the mole? It highlights the body of the wine; be forgiving, it disappears in an instant.

The almond in the *xaxu* is reflected in the flavours of a sweet oloroso, a marsala superiore or even a bual madeira or a malmsey, either extra reserve or old reserve. Their broad range of aromas goes well with the different flavours of the cheeses, and enhances the potency of the gorgonzola in particular.

The orange and floral notes of our Navarre or Mediterranean muscats develop the taste of the apple and wrap themselves around the citrus of the shell.

Maridaje de los menús Aranori y Bekarki

Les presentamos unas ideas de acompañamiento de vinos para los diferentes platos de los dos menús.

Es una fórmula en paralelo para ambos menús a la vez, que en ocasiones combina un vino para dos platos como prueba irrefutable de la versatilidad de muchos vinos.

El maridaje gastronómico es un arte, nunca definitivo. No solamente se tiene en cuenta el plato, sino la continuidad con referencia al vino anterior; por tanto las siguientes sugerencias no son referencias absolutas, todo es matizable a veces, e increíblemente algunas combinaciones que pueden parecer extravagantes, son exitosas.

El aperitivo se verá acompañado de un espumoso de método tradicional (champagne, cava), 'extra brut' o 'brut nature' de preferencia, puesto que su paladar seco nos prepara para la larga degustación.

Con las gambas y el txangurro proponemos la frescura de aromas de nuestro vino local, txakoli de Getaria, que con su ligero carbónico juega en boca con los sabores de mar.

Con los moluscos y la navaja sugerimos un blanco que tenga igualmente impreso el carácter atlántico, pero con un paladar más amplio: albariño y godello con envejecimiento con sus lías, se acomodan con toda sencillez.

El sabor de ibérico, setas y parmesano nos permite experimentar con la complejidad de un viejo jerez seco, palos cortados, amontillados. Son vinos únicos que saborear con detenimiento, gota a gota, que fluyan y tapicen el paladar.

Con el foie fresco nos apoyamos en un gran clásico, el sauternes, aunque también combinamos con tokajis húngaros no más de cinco puttonyos, o incluso una sidra de hielo, puesto que el sabor de la manzana se complementa muy bien con la de este producto. Una condición es que el vino dulce elegido tenga el punto de acidez o amargor que aligere la grasa del foie.

Los guisantitos, las verduritas y el huevo son complicados acompañantes del vino. Buscamos en este caso una asociación con vinos de paladar crujiente, como los sauvignon blanc del Loira (Sancerre, Pouilly fumé). Su viveza se asocia igualmente con la textura de las láminas del bacalao.

El sabor intenso del salmonete (integral) y la firmeza del rodaballo combinan maravillosamente con blancos amplios y grasos (prioratos, chardonnays navarros, verdejos con barrica) y resisten igualmente la textura fina y vivaz de vinos jóvenes más o menos frutales (mencías del Bierzo, Galicia).

Los taninos presentes pero redondos de ciertos vinos mediterráneos hechos con monastrell, combinada o no con otras uvas (shiraz, cabernet), buscan con avidez la carne magra del cordero, jugando también con la textura crujiente del cochinillo, de comportamiento sublime con la emulsión de ibérico.

Los aromas complejos y la textura sedosa de nuestros 'grandes reservas' clásicos de rioja o riberas de más de diez años, incluso el desafío de seleccionar un borgoña, nos deparará una asociación de texturas con las pechugas tiernas de paloma y un reencuentro aromático con la liebre y su royal. ¿El mole? Pone en evidencia la estructura del vino; sea indulgente, desaparece en un segundo.

La almendra del xaxu se refleja en los sabores de un oloroso dulce, un marsala superiore o incluso un madeira bual o malvasía, reserva extra o viejo reserva. Su extensa gama aromática combina con los diferentes sabores de los quesos, y su potencia realza particularmente el gorgonzola

Los sabores de naranja y florales (de nuestros moscateles navarros o mediterráneos) continúan el sabor de la manzana y envuelven el cítrico de la caracola.

Techniques developed in our kitchen classroom:

Papers
Date: September 2003.
Representative dish: Lamb with pepper skin.
Method: A technique for making edible paper that consists almost solely of the ingredient you want the paper to taste of. This technique allows you to create, for example, pepper paper, by making a purée of blended red peppers, spreading this onto a Silpat mat and drying in the dehydrator at 60°C for 12 hours.

Powders
Date: April 2004.
Representative dish: Prawns in coloured jackets.
Method: A technique by which an ingredient is dehydrated, then crushed, sieved and used as a flavour enhancer. It also adds colour and a unique texture.

Sands
Date: June 2004.
Representative dish: Chipirón in coloured sand.
Method: This is an evolution of the powder technique. In our quest to find a texture that could mimic beach sand, we developed a formula that comes very close.
Take the ingredient you want to use and add rice, then cook, blend, strain, spread out and leave to dry. Once it has turned into a hard sheet, it is puffed up by frying and crushed to give it a sand-like texture.

Balloons
Date: January 2005.
Representative dishes: Roasted lobster with a mozzarella and spice balloon; Bread balloon with pochas beans.
Method: This technique involves injecting gas into an ingredient (mozzarella cheese or uncooked bread dough). The result is completely unique and creates a striking visual effect.
We have successfully used this technique with both hot and cold foods.

Agar pearls
Date: April 2005.
Representative dishes: Monkfish with pepper pearls and roast tomato juice; Sole in a sea of coral.
Method: This is a technique inspired by spherification, but has no effect on the final product. A juice is made from the desired ingredient (you can also use a sauce), 1% agar-agar is added and the mixture is brought to a boil. Meanwhile, a bath of very cold sunflower oil is prepared. The juice is dropped into this bath, and as soon as it comes into contact with the cold, dense oil, it will turn into a perfect sphere with a wonderful flavour and a unique texture.

Animal protein pearls
Date: June 2006.
Representative dish: Turbot with mussel lentils.
Method: This employs the same principle as the agar-agar pearls, but uses heat to set the protein contained in some products, such as eggs (the yolk and the whites), shellfish, crustaceans, etc.
Heat some oil to 65°C. Blend some raw mussels, then add tiny droplets to the oil in order to make them set; use the same technique with eggs.

CONA coffee-maker
Date: June 2006.
Representative dish: Brewed lobster.
Method: A coffee-maker used to cook a lobster... This technique originated from the desire to bring back silver service, but in an innovative way; it allows the waiter to participate and to share the technique with the diner.

Product squared P²
Date: March 2007.
Representative dish: Vegetable risotto and prawns in shell powder.
Method: A technique that seeks to enhance the flavour of a product as much as possible, and involves using the product itself in unusual ways, such as drying it or using its own juices.

Prehydrated papers
Date: March 2007.
Representative dish: Beef with copper potatoes.
Method: We create a paper using a starch (potatoes), then we add a colour (copper) and leave to dry in an oven for 6 hours at 80°C. When we want to use it we just hydrate it to give us a flexible paper, which can be used to wrap things and can be seared on a griddle without it losing its shape or burning. It is visually spectacular and has a texture similar to that of crisps.

Frozen vacuumed foam
Date: November 2007.
Representative dishes: Porous foie gras with peanut sponge; *Xaxu* with frothy coconut ice-cream.
Method: By using a vacuum machine and a special container you can create extremely aerated products. Mix a fat with your chosen flavour, then apply a vacuum of 70-80% and place in a blast chiller to set. This will result in a unique product, so delicate that it can only be served right before eating. Animal or vegetable fats used: clarified butter, milk, foie gras.

Screen printed papers
Date: April 2008.
Representative dish: A different apple tart.
Method: An evolution of our paper techniques, this method has allowed us to customise one of our desserts. We take a cocoa butter screenprint and glue it like a sticker, using cocoa butter, onto an apple paper. Our inspiration for this came from artisan chocolates.

Tempura in nitrogen
Date: July 2008.
Representative dish: Foie gras with 'salt flakes and black peppercorns'.
Method: In order to surprise our diners, we looked for a way to replace two ingredients traditionally served with foie gras, i.e. salt and pepper, and we succeeded in creating a tempura that is 100% spherical. This technique involves letting the tempura drip onto some nitrogen and then frying the frozen droplets. The resulting black 'peppercorns' are served in generous amounts.

Methyl feathers
Date: August 2008.
Representative dish: Pigeon with feathers and pellets.
Method: We use methylcellulose, not to make meringues or hot foam, but rather to make an edible paper from which we can create handcrafted feathers that vanish once they come into contact with liquid.

Xaxu
Date: November 2008.
Representative dish: *Xaxu* with iced coconut mousse.
Method: In this technique only two main products are used: the ingredient that gives the dish its flavour and egg yolks. The egg yolks are mixed with the other ingredient, this mixture is then frozen into hemispheres, and these, once frozen, are then stuck together. They are fried in oil at 180°C for one and a half minutes. They are then removed and allowed to defrost so that the centres become liquid and creamy. We first made this dish using egg yolk and potato.

Nitro cream with aerosols
Date: Currently undergoing tests.
Representative dish: Strawberries with yogurt.
Method: Using an aerosol, we make little balls of strawberry and yoghurt frozen in nitrogen. When these frozen balls are removed from the nitrogen they are sprayed with cocoa butter using an aerosol; this coating enables them to maintain their spherical shape once the centre becomes liquid.

Técnicas trabajadas en el aula de cocina:

Papeles
Fecha: Septiembre de 2003.
Plato representativo: Cordero con piel de pimientos.
Desarrollo: Técnica por la cual se consigue hacer un papel comestible que solo tiene como ingrediente principal el sabor que se le quiera dar. Así se obtiene, por ejemplo, el papel de piquillos, a partir de un puré de piquillos triturados, extendido sobre un silpat y colocado en la secadora a 60 °C durante 12 horas.

Polvos
Fecha: Abril de 2004.
Plato representativo: Langostinos en traje de colores.
Desarrollo: Método por el cual se hace un deshidratado de algún ingrediente que posteriormente se tritura, tamiza y se utiliza como potenciador de sabor. Permite dar también un color y una textura singulares.

Arenas
Fecha: Junio de 2004.
Plato representativo: Chipirón en la arena de colores.
Desarrollo: Es una evolución de los polvos. En la búsqueda por encontrar una textura que pudiera imitar la arena del mar, encontramos una fórmula que se acerca mucho.
Se emplea el ingrediente del cual se desea hacer la arena más arroz; cocer, triturar, colar, extender y dejar secar. Cuando tenemos una teja dura, se fríe, se sufla y se tritura para lograr la textura de arena.

Globos
Fecha: Enero de 2005.
Platos representativos: Bogavante asado con globo de mozarella y especias; globo de pan con pochas.
Desarrollo: Técnica consistente en inyectar gas a un elemento (queso mozarella o masa de pan cruda), con lo que se consigue un resultado muy singular, con un efecto visual sorprendente.
Hemos logrado aplicar esta técnica tanto en frío como en caliente.

Perlitas de agar
Fecha: Abril de 2005.
Platos representativos: Rape con perlas de pimiento y jugo de tomate asado; lenguado en el mar de coral.
Desarrollo: Es una técnica que se inspira en la esferificación, pero que no tiene nada que ver en el resultado final. Se hace un zumo del ingrediente deseado (también puede ser una salsa), se agrega un 1 % de agar-agar y se lleva a ebullición. Mientras tanto se coloca un baño de aceite de girasol muy frío para, posteriormente, ir dejando caer gotas de nuestro zumo que, al contacto con el frío y con la densidad del aceite, permite hacer una esfera perfecta con mucho sabor y una textura singular.

Perlitas de proteína animal
Fecha: Junio de 2006.
Plato representativo: Rodaballo con lentejas de mejillón.
Desarrollo: Es el mismo principio que el de las perlitas, pero aplicando el calor a la proteína que algunos productos tienen, para cuajarla; por ejemplo, el huevo (yema y claras), los moluscos, los crustáceos, etc.
Se coloca un aceite a 65 °C y se hace un triturado de mejillón crudo, el cual después dejaremos cuajar en pequeñitas gotas en el aceite; lo mismo haríamos con el huevo.

Cafetera CONA
Fecha: Junio de 2006.
Plato representativo: Langosta destilada.
Desarrollo: Una cafetera utilizada para cocinar una langosta… Se realizó por el deseo de volver a ofrecer un servicio de sala, pero de vanguardia, en el cual el camarero pudiera participar y hacer partícipe al comensal en esta técnica.

Producto al cuadrado P²
Fecha: *Marzo de 2007.*
Platos representativos: *Risotto de verduras y gambas en polvo de su caparazón.*
Desarrollo: *Técnica con la que se busca potenciar el sabor de un producto al máximo, para lo cual se utiliza ese producto de diferente manera a la habitual, secándolo o utilizando su jugo.*

Papeles prehidratados
Fecha: *Marzo de 2007.*
Plato representativo: *Buey con patata de cobre.*
Desarrollo: *Se realiza un papel que como base tiene un almidón (patata), se le agrega un color (cobre) y se deja secar a la estufa durante 6 horas a 80 °C. Cuando se quiere utilizar, se hidrata y conseguimos un papel flexible, que se puede utilizar para envolver y marcar a la plancha sin que este pierda su forma ni se queme. Visualmente es espectacular y su textura es como la de unas chips.*

Espumas al vacío congeladas
Fecha: *Noviembre de 2007.*
Platos representativos: *Poroso de foie con bizcocho de cacahuate; Xaxu con helado espumoso de coco.*
Desarrollo: *Al utilizar una máquina de vacío y un contenedor especial se pueden conseguir elaboraciones muy aéreas. Haciendo una mezcla de una grasa con un sabor, aplicando el vacío a un 70-80 % y metiendo a un abatidor de temperatura para bloquear por el frío se logra un resultado muy singular y delicado, tanto que solo se puede servir justo en el momento de comerlo. Grasas vegetales o animales utilizadas: mantequilla clarificada, leche, foie-gras.*

Papeles serigrafiados
Fecha: *Abril de 2008.*
Plato representativo: *La otra tarta de manzana.*
Desarrollo: *Evolución de la técnica de los papeles, que nos ha permitido personalizar un postre. En este caso utilizamos una serigrafía de manteca de cacao y la pegamos a modo de calcomanía sobre un papel de manzana previamente untado con manteca de cacao para que haga de pegamento. La inspiración procede de los chocolates artesanos que se comercializan.*

Tempuras en nitrógeno
Fecha: *Julio de 2008.*
Plato más representativo: *Foie con escamas de sal y pimienta negra en grano.*
Desarrollo: *Con el objetivo de sorprender al comensal, buscamos una manera de sustituir dos ingredientes clásicos del foie-gras, como pueden ser la sal y la pimienta, y logramos hacer una tempura 100 % redonda. Consiste en dejar gotear en nitrógeno la tempura para freír las gotas congeladas, con el resultado de bolitas de pimienta negra servidas en cantidad.*

Plumas de metil
Fecha: *Agosto de 2008.*
Plato representativo: *Pichón con plumas y perdigones.*
Desarrollo: *Utilizamos la metilcelulosa, pero no para hacer merengues ni espumas calientes, sino para hacer un papel comestible que nos permite elaborar unas plumas artesanales que, al contacto con un líquido, desaparecen.*

Xaxu
Fecha: *Noviembre de 2008.*
Plato representativo: *Xaxu con helado espumoso de coco.*
Desarrollo: *En este caso solo se utilizan dos productos fundamentalmente: el sabor que queremos dar y la yema de huevo. Se hace una mezcla de yemas y sabor, se congela en semiesferas y, una vez congeladas, se unen. Freír en aceite a 180 °C durante minuto y medio, retirar y dejar templar para que el centro quede líquido y untuoso. Empezamos a elaborar este plato con yema y patata.*

Nitro nata con aerosoles
Fecha: *En pruebas actualmente.*
Plato representativo: *Fresas con yogur.*
Desarrollo: *Con la ayuda de un aerosol hacemos bolitas de fresa y de yogur congeladas en nitrógeno. Al sacarlas del nitrógeno aún congeladas, se les da un baño con manteca de cacao en aerosol, lo que les proporciona una especie de cobertura que permite mantener la estructura esférica con el centro líquido.*

Recipe glossary

A box of desalted cod, 110, 111 and 196

A different apple tart, 48, 49, 50, 51 and 186

Akelare's 'Freebies', 16, 17, 18, 19 and 182

Artichoke polvorón, 182

Beef in copper potato with lentil purée, 128, 129 and 199

Black pudding roll, 183

Boned lamb's tail with cauliflower, leek, carrot and beetroot macaroni, 108, 109 and 195

Box of chocolates, 20, 21, 22, 23 and 182

Brewed lobster, 120, 121 and 198

Calanda drum, 136, 137 and 201

Carpaccio of pasta, piquillo and Ibérico ham, with mushrooms and parmesan, 30, 31, 32, 33 and 184

Charcoal grilled lamb with wine sediment, 38, 39, 40, 41 and 185

Chipirón broth, mini squid and fried bread, 116, 117 and 197

Citrus shell with chocolate shavings, 76, 77, 78, 79 and 190

Cold txangurro with sea flavours and sprouts, 94, 95 and 193

Edible aromas of port, 144, 145 and 202

Escabeche instant tuna with piparras, 126, 127 and 199

False vegetable risotto with beetroot egg yolk, 104, 105 and 195

Foie gras and tapioca pearls with sour salad, 88, 89 and 192

Fresh, sautéed foie gras with 'salt flakes and peppercorns', 58, 59, 60, 61 and 187

Fried egg with baby peas and baby garden vegetables, 62, 63 and 188

Gypsy roll with leche merengada and blackberry sauce, 140, 141 and 201

Hare á la royale with chestnuts, 70, 71 and 189

Instant curd with red fruits and petals, 134, 135 and 201

King crab in sequences, 86, 87 and 191

Lime-Lemon, 152, 153 and 204

Line-caught squid on coloured sand, 102, 103 and 194

Liquor fruit ravioli with apple soup, 142, 143 and 202

Loin of lamb with barley and malt, black vegetable tempura, 132, 133 and 200

Milk and grape, cheese and wine in a parallel evolution, 72, 73, 74, 75 and 189

Mushrooms in the forest, 98, 99 and 194

Mushrooms with egg pasta, 100, 101 and 194

Oysters eaten with shell, 84, 85 and 191

Peach flower, 150, 151 and 203

Peach in syrup, 148, 149 and 203

Piquillo and olive chessboard, 182

Prawns and green beans flambéed in orujo, 26, 27 and 183

Razor clam with veal shank, 56, 57 and 187

Rhubarb sorbet with frosted herbs, 138, 139 and 201

Roast pigeon with a hint of mole and cocoa, 42, 43 and 185

Roast suckling pig with tomato bolao and Ibérico emulsion, 68, 69 and 188

Roasted lobster with a spice balloon, 122, 123 and 198

Salt cod callos, 34, 35 and 184

Shellfish in a fisherman's net, 28, 29 and 184

Shrimp and prawns in a shell powder, with tomato meringue and rocket, 82, 83, and 191

Squid in Añana salt, 118, 119 and 197

Squid rings, 92, 93, and 193

Squid with onion and parmesan curd, 106, 107 and 195

Steamed shellfish with borage, 96, 97 and 193

'Stewed' veal with carrots and parsnips, 130, 131 and 200

Strawberry cream with frozen yoghurt pearls, 148, 149 and 203

Three minute egg, 112, 113 and 196

Tuna in onion paper with tamarillo, 124, 125 and 198

Turbot with its kokotxa, 64, 65, 66, 67 and 188

Txangurro in essence on coral blini with gurullos, 54, 55 and 187

Vegetable ravioli, 114, 115 and 197

Whole-grain red mullet with three-sauce 'fusilli', 36, 37 and 185

Xaxu with iced coconut mousse, 44, 45, 46, 47 and 186

'Zebra' squid, 90, 91 and 192

Zurrukutuna, 183

Glosario de recetas

Amenitie's Akelaŕe, 16, 17, 18, 19 y 205
Aros de chipirón, 92, 93, y 216
Atún en papel cebolla con tamarillo, 124, 125 y 222
Bogavante asado con globo de especias, 122, 123 y 222
Buey en patata de cobre y puré de lentejas, 128, 129 y 223
Caja de bacalao desalado, 110, 111 y 219
Caja de bombones, 20, 21, 22, 23 y 205
Caldo de chipirón, minichipirón y pan frito, 116, 117 y 221
Callos de bacalao, 34, 35 y 207
Cangrejo real en secuencias, 86, 87 y 215
Caracola de cítricos con virutas de chocolate, 76, 77, 78, 79 y 213
Carpaccio de pasta, piquillo e ibérico con setas y parmesano, 30, 31, 32, 33 y 207
Chipirón 'zebra', 90, 91 y 216
Chipirón a la sal de Añana, 118, 119 y 221
Chipirón con cebolla y cuajada de parmesano, 106, 107 y 219
Chipirón de anzuelo en la arena de colores, 102, 103 y 218
Cochinillo asado con *bolao* de tomate y emulsión de ibérico, 68, 69 y 212
Cordero con los posos del vino, 38, 39, 40, 41 y 208
Crema de fresas con perlas de yogur helado, 148, 149 y 227
Cuajada a la vista con frutos rojos y pétalos, 134, 135 y 224
Damero de piquillo y aceituna, 205
Escabeche de atún al minuto con piparras, 126, 127 y 223
Falso *risotto* de verduras con yema a la remolacha, 104, 105 y 218
Flor de melocotón, 150, 151 y 227
Foie fresco a la sartén con escamas de sal y pimienta en grano, 58, 59, 60, 61 y 211
Gambas con vainas al fuego de orujo, 26, 27 y 206
Gambas y camarones en polvo de su caparazón, merengue de tomate y rúcula, 82, 83, y 214
Huevo en tres minutos, 112, 113 y 220
Huevos fritos con guisantes y mini-verduras, 62, 63 y 211

La otra tarta de manzana, 48, 49, 50, 51 y 209
La ternera del cocido con zanahoria y chirivía, 130, 131 y 224
Langosta destilada, 120, 121 y 221
Leche y uva, queso y vino en evolución paralela, 72, 73, 74, 75 y 212
Lima-limón, 152, 153 y 228
Lomo de cordero con cebada y malta, tempura negra de verduras, 132, 133 y 224
Lomo de liebre asado, con su raoyla y sus castañas, 70, 71 y 212
Los aromas materializados del oporto, 144, 145 y 226
Melocotón en almíbar, 146, 147 y 227
Moluscos al vapor con borraja, 96, 97 y 217
Moluscos en la red del pescador, 28, 29 y 207
Navaja con pata de ternera, 56, 57 y 210
Ostras que se comen con cáscara, 84, 85 y 214
Paloma asada con un toque de mole y cacao, 42, 43 y 209
Perlitas de *foie* y tapioca con ensalada fresca, 88, 89 y 215
Polvorón de alcachofa, 205
Rabo de cordero dehuesado con macarrones de coliflor, puerro, zanahoria y remolacha, 108, 109 y 219
Ravioli de frutas licorosas con su sopa de manzana, 142, 143 y 226
Ravioli de verduras, 114, 115 y 220
Rodaballo con su *kokotxa,* 64, 65, 66, 67 y 211
Rulo de morcilla, 206
Rulo gitano con leche merengada y salsa de moras, 140, 141 y 225
Salmonete integral con *fusili* de salsas, 36, 37 y 208
Setas con pasta al huevo, 100, 101 y 217
Setas en el bosque, 98, 99 y 217
Sorbete de ruibarbo con hierbas escarchadas, 138, 139 y 225
Tambor de Calanda, 136, 137 y 225
Txangurro en esencia sobre *blini* de su coral y gurullos, 54, 55 y 210
Txangurro frío con sabor de mar y germinados, 94, 95 y 216
Xaxu con helado espumoso de coco, 44, 45, 46, 47 y 209
Zurrukutuna, 206

Contents

Foreword by Pedro Luis Uriarte	4
An impeccable career by Cristino Álvarez	8
Introduction by Pedro Subijana	11
To begin	14
Aranori menu	24
Bekarki menu	52
Other dishes	80
Kitchen classroom – Azti – Basque Culinary Center	154
Restaurant	172
Recipes	207
Wine pairings for the Aranori and the Bekarki menus	231
Techniques developed in our kitchen classroom	234
Recipe Glossary	237

Índice

Presentación de Pedro Luis Uriarte 4

Una trayectoria impecable de Cristino Álvarez 8

Introducción de Pedro Subijana 11

Para empezar 14

Menú Aranori 24

Menú Bekarki 52

Otros platos 80

Aula de cocina – Azti – Basque Culinary Center 154

Restaurante 172

Recetas 180

Maridaje de los Menús Aranori y Bekarki 230

Técnicas trabajadas en el aula de cocina 232

Glosario de recetas 236

AKELARE